luminosity luminosity luminosity
luminosity luminosity luminosity luminosity
luminosity luminosity luminosity luminosity
luminosity luminosity luminosity luminosity
luminosity luminosity luminosity luminosity
luminosity luminosity luminosity luminosity
luminosity luminosity luminosity luminosity
luminosity luminosity luminosity luminosity

luminosity
luminosity luminosity luminosity
luminosity luminosity luminosity luminosity
luminosity luminosity luminosity luminosity
luminosity luminosity luminosity luminosity
luminosity luminosity luminosity luminosity
luminosity luminosity luminosity luminosity
luminosity luminosity luminosity luminosity
luminosity luminosity luminosity luminosity

luminosity

luminosity luminosity luminosity
luminosity luminosity luminosity luminosity
luminosity luminosity luminosity luminosity
luminosity luminosity luminosity luminosity
luminosity luminosity luminosity luminosity
luminosity luminosity luminosity luminosity
luminosity luminosity luminosity luminosity
luminosity luminosity luminosity luminosity

念轉運就轉21
一切都會過去的。
人生中，
不管心痛、煎熬、開心或快樂
人生中的酸甜苦辣都在那個當
所有的痛苦都會結束，
所有的難關都會過去，
堅定你的心念，
一切都會過去的。
暢銷作家
黃子容 著

一切都會過去的

黃子容

這本書出版的當下，正是我人生最傷心難過的時刻，我最愛的父親離開了我們，跟著菩薩去修行了。

很慶幸的，爸爸沒有受苦，靜靜地睡著了，安然的離世。

在離開的前幾天，家裡有了立杯，菩薩告知我即將要替父親準備佛事，後來，要我去觀音寺為大家做祈福迴向法會。祈福迴向法會當天，菩薩交代我要準備的東西。當天下午，父親忽然就入院進入了安寧病房了，在這之前，父親都沒有任何不舒服與疼痛，他都是開心的，直到他不願意再進食了，菩薩說，這是淨身的開始。

當然，我必須說，每一個人臨終的過程並不一樣，這不代表所有人的情況。入院之後，一切的過程都有著菩薩的指引，讓我們有了心理準備，學習接受這樣的過程。

有時候想想，我是幸運的，在父親離世前，可以有菩薩告訴我；在準備佛事的時候，有菩薩的指示；在父親離世的當下，有菩薩的引領，有菩薩的相伴，雖然難過，但是心靈卻是安慰的。

若有機會，我想要出版一本關於失智與臨終關懷的書籍，希望可以幫助更多的人，因為在這段日子當中，自己深深體會到人生有很多抉擇，是必須自己替自己做決定的。如何減輕痛苦的過程，是大家一直在追求的，不管是人生中的酸甜苦辣，我們的選擇都是為了讓大家減少痛苦，讓大家學習成長。

希望未來有一天，這本書可以出版。

而《念轉運就轉21——一切都會過去的》這本書的出版緣起，來自於一位同學經歷了身體健康上的問題，反覆的痛苦以及不見痊癒的心情，讓他感到沮喪、挫折，我想，這是很多人都會遇到的事情，在人生擁有許多的當下，總會出現一些不美好的狀態，而干擾了我們的思緒。如何沉著面對？如何減輕痛苦？如何找尋心靈的解藥？也是我們一直在努力的。

那一天，那位同學再次遇到痛苦的時刻，我們身邊的朋友都非常擔心，於是希望菩薩能夠保佑一切平安。

那一天，菩薩說：人生中，不管心痛、煎熬、開心或快樂，人生中的酸甜苦辣都在那個當下，一切都會過去的。

是的，那些你經歷的，所感受的，都只在那個當下，痛苦會過去，快樂亦會忘記，那個當下的所有，都是會過去的。

如何讓這些痛的時間減短？如何讓那個當下快點過去？都需要我們的智慧與努力的。

一切都會過去的。

當我們在面對某些事情的時候，內心焦急、擔心與害怕，那樣焦急與恐懼的情緒，在那個當下真的很難過去，很難受，很煎熬，在那個當下，很多人是無法承受苦痛的，但菩薩說，你一定要有一個認知，那就是，這一切都會過去的。

我們擔心、恐懼與害怕不好的事情會發生，菩薩也解釋，不管現在是好的或是壞的，在發生事情的當下，就算產生你不願意接受的結果，這一切也會很快就過去的。

有人中了幾千萬或幾億的樂透彩，過了沒多久，這一切也會過去的，因為你會開始計劃如何運用你的錢財，如何運用你的彩金，很快的，財富也會漸漸的失去。

不好的事情，在這個當下，也會很快就過去的。

痛苦也是，快樂也是。

人生體驗的痛苦，是為了得到更多學習的歷程，人生所感受到的悲苦，是為了要讓自己更能感同身受他人的苦，幫助他人，自我成長。

也許，現在的你正經歷某些苦難，我知道那很苦，我也能體會那些痛，但不管如何，我們都需要堅強，也需要勇敢，讓我們有足夠的力量去面對困難，讓我們有足夠的智慧解決問題。

這些日子，受到許多人的幫忙，在此一一跟大家說聲謝謝！也謝謝所有愛班同學陪伴著我度過人生難熬的這個時期，我會勇敢，也會堅強，也會更努力替菩薩辦事，感恩菩薩對我的指引與照顧，我是幸運的，也是幸福的。

菩薩一直都在，不管你經歷的是什麼，這一切都會過去的，菩薩會一直守護著我們，不曾離開。

菩薩就在我們身邊，就在我們心裡。

自序

一切都會過去的

願力願行

心靈成長

菩薩心語

一切都會過去的

生命力

人為何要擁有超強的生命力？

每個人的命運都掌握在自己的手裡，每個人的選擇權都在自己身上。

你的命運不在菩薩身上，知道自己要改變，你的命運才會有轉變。

別人的命運絕對不是我們可以改變的，也不是因為你有參加一年愛班就會改變自己的命運了，更不是因為你會恭請菩薩九句就能改變了，這一切改變的開始，必須起於你有想要改變的心念以及行動力。

你的人生想要改變，是因為你想做，你願意改變，所以，產生了改變的開始。

人生中好與不好的，都是自己在當下的選擇，其實沒有對錯，也沒有好壞，只有當下選擇的課題與成長。

通靈人沒有辦法改變你的人生，沒有辦法改變任何一個人的命運，我們都只是一個傳遞訊息的人。

你想改變，那個改變的機會與命運才會出現。

我曾經講過一個故事，有個同學每次要自殺之前，他就會打電話給我。他每次想不開時，打電話給我，說說話之後，他就會好多了。

所以，不管他什麼時候需要我，我都會努力的陪伴他，因為我曾經經歷過那樣的痛苦、那樣的過程，我希望我的努力，可以改變他的人生，也希望他變堅強。

他每次想不開，就會打電話給我，或寫訊息給我，我很慶幸可以幫助到他。

我出國或是做蛋糕，都會想到他，給他一點驚喜，讓他開心，讓他知道我很重視他，希望他好好的，而他也非常努力，希望自己可以更好。

我與他的家人希望陪伴他度過憂鬱症。

憂鬱症這個問題，我想，在當今工商社會裡，競爭壓力如此的大，人們多少都會有些憂鬱的情況，而憂鬱症的朋友一定要懂得求救，有的人會及時的幫你一把，傾聽你說話，或許就可以化解了很多的危機。

當然，很不希望遇到已然放棄生命的情況出現，希望大家多轉念一下，深呼吸一下，或多想一想這世界的美好，想想還有很多事情還沒做，先不要想死，先想想還要做的事情。

但這次，他沒打電話給我，他選擇結束自己的生命了。

我知道，想死的人，當他想死的時候，心意已決，是不會告訴任何人的，但我多麼希望他還可以打電話給我，讓我可以跟他說說話。

這次，他沒打電話給我，我也嚇了一跳，因為在他選擇結束生命的前一天，他還有打電話給我，我也一直不斷地開導他，我以為他和之前一樣會沒事，沒想到後來，他竟然做出了這樣的選擇，我很難過，但卻無法改變。

他曾經問過我，自殺的人可以恭請菩薩九句，見到菩薩嗎？

我說：「不行，因為你自殺了就見不到菩薩了。」他沒聽我的話，還是做了這樣的選擇。

所以，我沒有辦法改變別人的人生，只有你自己有辦法改變你自己的命運，命運才能被改變。

我也沒有辦法二十四小時陪伴在你們身邊，但我會盡我最大的能力幫助你們，但最重要的是，你們要幫助你們自己。

任何一個人做傻事，不是對不起我，是對不起你自己跟你的家人。也許，站在他的角度，對他來說，這是種解脫，但我真的想告訴大家，自殺是沒有辦法解決問題的，在他的角度來想，他或許是解脫了，他覺得他不會再被憂鬱症困擾了，但家人的痛苦卻是一輩子的。

自殺後的因果審判是更加辛苦的，靈魂在不自由的情況下，想去哪裡都是受到限制的，這跟一般往生者是完全不同的。

曾經有個愛班同學的弟弟，在死後未滿八小時，就被冰在冰櫃裡，弟弟自己祈求菩薩恭請菩薩，菩薩要我聯絡他的姊姊，當時他姊姊都還沒到殯儀館，我就已經告知他弟弟被冰在冰櫃了。

一般往生者如果知道恭請菩薩的方式，他一定可以找到菩薩，一定可以被阿彌陀佛牽引，千萬不要自殺，自殺是無法見到菩薩的。

所以，請大家不要自私的結束自己的生命，哪怕你覺得很苦。其實，大家的人生都苦，沒有人可以自己立即解脫這個苦。想要解脫苦，必須經歷過人生的學習與成長，完成課題了，才能真正的解脫苦。

你做任何傻事，都無法解決這個苦，只會讓苦更苦，唯有體會這苦，才能讓我們解脫苦。

在這件事情後，發現人擁有人身肉體，真好。

你可以求人，你可以拜託人，你可以去跟人對罵，你可以指著人罵，都是堅強活下去的力量，但我不鼓勵大家這樣負面極端，你可以好好的活著，功成名就一番，展現你的生命力，你可以做很多事，可以跟菩薩溝通與祈求。

所以，擁有人身肉體真好。

你可唸經迴向給你的冤親債主，你可以不碰到你的冤親債主，但你想不開，他們就會出現。

人生都是你自己的，你做什麼決定都是你自己的，我決定不了，我阻止不了。

人生也許會有很多過不去的點，這些點可能都會讓你窒息、痛苦難耐，而堅強活下去就是一個考驗，學習勇敢就是一個課題，人生過不去的點太多，學習接受這些就是一種訓練。

為什麼是我？

你遇到困難挫折、傷心痛苦的時候，可能說過這一句話：為什麼是我？或者，為什麼又是我？

你一定問過這樣的話：為什麼又是我？為什麼總是我？為什麼都是我？為什麼？因為是你，因為你是你，這些經歷與痛苦，不是上天或是菩薩給你的懲罰，你要記得，你現在經歷的苦，你現在所有的煩惱，不是上天為了要給你的懲罰，而是上天為了給你的磨練與教育的課題，將來你可幫助你自己，以及你身邊需要幫助的人。

這個人可以為了你多活幾年，因而擁有生命力，這都是值得的。

當你現在可以恭請菩薩是很好的，你現在可以擁有自由意志是很好的。

我們常常教人家要做一個善良的人，很多人說，因為太善良，常常被人踩在腳底，被人踩在頭上，感覺好像很軟弱，因為一直被別人欺負。

你要記得，一個善良的人是不會在意被他人踩在腳底的，善良的人是不會介意被人踩在腳下的。

你想踩，你就踩吧！踩了你會舒服，你就踩吧！

人生如果太在意某些事情，就會為自己帶來煩惱跟痛苦。

有些人一直執著在小團體、辦公室、生活中的小人，你在意了，他就得意了，因為他講什麼，你都會痛苦，所以，你一定要學會不在意、不去聽，就不會生氣了。

為什麼要去聽一些會讓你難過的事情？

如果那些都不是事實，為什麼要讓這些謊言來為自己帶來傷心、難過？

生活本來就苦比較多，我們要尋找多一些的快樂，減少悲傷、痛苦的元素。

每一個人都有每一個人的苦，每一個人都有他說不出的痛，他沒有辦法跟你分享，但不要忘記，他所經歷的痛，你未必會經歷；我經歷過的痛，你未必能承受，所以別跟他人比較，人比人氣死人。

如果你常常問，為什麼是我？你一定要知道，因為是你，所以讓你經歷了這些，因爲你無可取代，因為你是這世上獨一無二的你。

人生的成績單

人若是在往生前知道會見到菩薩，自然就會安心，所以一念一菩提。把今生功課做好，待有一天，我們回到菩薩身邊，我們才可以理直氣壯地跟菩薩說，此生學的課題學得如何，可以交出一份漂亮的人生成績單，有一份充實的報告出來。

你可以非常自豪地跟菩薩說：我沒有傷害過任何人，我都是存著善心的，就算別人踩在我的頭上，我依然很甘心地承受。你的報告一定會很漂亮，人生成績單一定讓人自豪。

你沒有存著怨恨，你沒有存著想要報復的心態，你的人生可以很坦然的交出一個漂亮的成績單。

如果我的人生是抱怨的，見到菩薩的時候，還說「菩薩我死了，可是我想知道我怨恨的人會怎麼樣？我的財務不知道會被誰拿走？」這樣就很難放下、離世。人都走了，所有的，就放下吧！

像手足間打官司，為錢爭鬥，有些人為了誰得到比較多、誰比較少而爭鬥。因此，有錢的，有有錢的煩惱；沒錢的，也有沒錢的煩惱，上天是公平的。

每個人都有自己的人生課題要學習，因此，不要再抱怨你的人生有多苦，不要再找人抱怨。

你可以找菩薩抱怨：為什麼我還在經歷這些？

講完你就會舒服一點，雖然菩薩不會回答你，你會回到你的人生繼續生活、繼續學習，你知道這就是人生，不會因為你抱怨，人生就會好一點，也不會因為你抱怨，人生會更差，只是負能量會更多，讓你的人生更不好過。

人生就是一直不斷地在當下看著這一步，做著明天的決定，只要你現在更好，明天就會更好；若你一直在抱怨，明天就不會好到哪兒去。既然如此，為什麼不讓自己現在好過？

所以，我們都不喜歡很負面的人，雖然我們偶爾也會有負面情緒，我們也希望負面情緒可以很快散掉，但這要靠自己，旁邊的人勸說都沒有用，永遠都是自己想開了、看開了，一切才會好的。

請謹記著，一切都會過去的。

不管好的、不好的，都會過去的。

若你希望好的不要過去或消失，那就好好珍惜當下的一切。

現在的好，因為你珍惜，就會越來越好。

若你不珍惜它，過去的，就過去了。

感謝生命中所有的安排

感謝生命中所有的安排，任何人的出現，都是安排好的，都是最好的安排。

不要把小人當作小人，把小人當作你生命中激勵你的重要貴人，他讓你隨時都有生命力，你不是為了他而活，你是為了要活給自己看，原來你可以過得比想像中更好，原來可以過得那麼好。

但小人不一樣，他如果是為你而活的小人，你的一舉一動都牽引著他，他才是比你更痛苦的人，因為他不能看見你快樂，不能看見你過得比他好，他會痛苦，所以他才是最在意你、為你而活的人。

何必為小人難過？何必為小人傷心？

他是小人，自然與別人有著不同想法，才能當小人，你跟他不同，所以無法理解他為何要糾纏你，既然無法理解，就不要花時間去理解了，好好過自己的生活比較重要。

任何一個人生態度的選擇，都是對自己的承擔，自己所要承擔的，都不是別人的責任，好與不好都是你自己該承擔與決定的。

過去發生的事情該怎麼辦？該如何面對？

過去的，就讓它很快的過去，該放下的放下，懂得祝福就是福氣的開啟。

要懂得鼓勵別人，會為自己帶來更多的好福氣。

就像菩薩給的開運大補帖，為何對某些人有效，對某些人卻還好，這取決於要不要去做。

譬如現在要你去抱抱別人，或鼓勵別人，就看你要不要去做而已，願意做，這個能量在你身上就產生了。

所以要不要做？取決於你怎麼看待這件事情。

你相信了，做了這個動作，這個信念就會在你的身體裡面，你的身體裡面就會產生一個新的能量，因而起了作用，所以它對你就有效。因為你想要讓自己變得更好，你就會去找開運食物來吃，或是試著做這件事情。

譬如補財運，菩薩說在這個時間點，在這個時候要吃烤地瓜，可以補財運。有人說：「便利商店就只有蒸地瓜，沒有烤地瓜。」那你就去有烤地瓜的商店找，你去想辦法，去找到烤地瓜，你為了想補財運，自然必須很努力的尋找。

當所找的每個地方都賣完了，有些人心裡會想：那就算了，我就是找不到。但有些人就會鍥而不捨的去找，甚至買地瓜回家自己烤，想要做的事情，總是會找到方法的，總會有人成功做到，而有人最終選擇放棄，這些都取決於你對自己的人生是抱持什麼樣的態度。

你很積極地完成這件事情，在這些過程裡，菩薩都在評分，你有多想要開運，這是你自己的努力，菩薩一切都看在眼底。

所以，你的人生是自己為自己負責的。

一個人想要有超強的開運能量，一定要冷靜，一定要沉著，要能夠穩定，你會發現，居於上位的人，他們有超強穩定的力量，不容易驚慌，不容易混亂自己的心，他們都知道，對於生活當中所發生的事情，要學習接受，學習感謝上天的安排，珍惜眼前的一切，就能讓福氣更長更久。

你的命運是要靠自己改變的，不是靠菩薩，你的努力是為了你未來的自己，不是為了誰。

要改變命運，就從改變自己開始。

福德存在於意念間

每次在恭請菩薩的時候，我都希望大家可以把你心裡面想要祈求的話語，都告訴菩薩們、神佛們。

告訴菩薩，你會在自己的人生當中，更盡自己的本分，盡你所能的營造自己最美好的人生，請求菩薩給予你最強的力量，給予智慧，幫助你度過人生當中的難關，讓你更有勇氣，積極地面對你的人生。

當你遇到困難、困境的時候，會用更樂觀、積極的想法去面對困境，能夠轉個念，改變態度，修正自己的脾氣，讓自己的人生更寬闊。

人生有必行的道路，也有人生必經的苦難。

當你遇到這些苦難的時候，你不會消極，你會積極；你不會沮喪，你會振作。而你的人生，就會在菩薩的指引之下，能有更多的動力，以及更多的慈悲，還有更多的智慧，幫助你的人生開創更美好的新局面，也可以體會這人世間的美好。

你可以認真做個祈求，祈求觀世音菩薩給予你力量與勇氣，給予你更多的愛，產生更多的安全感，讓你有愛、有安全感，也有關愛別人的心、努力的動力。

有的人會問：「為什麼有些人這輩子就是很有福氣？他需要錢，就會有人給他錢；他需要業績，他就有業績；他遇到困境，就會有人幫他度過難關。為什麼他只要祈求，菩薩就幫他？」

這就是福德。

福德怎麼來的？最剛開始，福德是從一個善心善念來的。

有的人說：「我不相信這世界上有多善良的人！」

但這世界上真的有非常善良的人，而這善良的人有一部分是一年愛班的人。一年愛班的人，長期接受菩薩的照顧，跟菩薩學習之後，我們都知道，善良的人不是笨蛋。

有的人會說：「你太善良，你真的太笨了！」沒關係，我們寧願做笨蛋，也不要做壞蛋。

人有很多時候，的確是被欺負的，很多時候，人善良的確是弱勢的，所以有些人會告訴你：「要保護你自己，你要對抗惡勢力。」

但惡勢力就是惡勢力，你去對抗惡勢力，也不過就是讓你變成一個擁有更多惡勢力的人，才能對抗惡勢力。

那麼，為什麼我們不能夠堅持自己的善良，讓自己用善的方法，去面對惡勢力，而不是對抗惡勢力？

因為你不是惡的人，要去對抗、抵制他們，實在太難。

他們的惡，有他們惡的想法跟惡的循環。

那麼，遇到壞人怎麼辦？繼續堅持做善良的人。

你說：「這樣太笨了啦！善良的人，就是人善被人欺。」

他選擇欺負我，這是他的選擇，他要選擇這樣的方式來對待我，因果在他身上，又不在我身上。上天會看見我被人欺負。

我被人占便宜，我依然樂於做我自己，我依然微笑看這世界，因為我瞭解：「原來就是有這樣的惡，才有我這樣的善。」

雖然善良的人當下勢必失去很多，但你所看到的失去只是現在，你得到的是在後面。

有的人說：「我就是忍不住這口氣！我就是忍不下這口氣！」

請你相信，忍，都只是當時的，都只是現在的。

就像菩薩說的一句話：這一切都會過去的！

不管你現在經歷的是好或不好，都只是當下我們的感受。

你覺得現在很開心，你覺得現在很難過，你覺得現在很傷心，都是在這個當下片刻而已，一下子就過去了。

你的開心是一下子，你的悲傷也是一下子，人永遠要繼續朝下一個時間點邁進，所以，這一切皆如過往雲煙般，一下子就過去了，你在意太多都沒有用。

他現在很得意，就讓他得意，有什麼關係！人生開闊一點。

「他現在很得意，他只會對付我。」

假設你們辦公室真的有這樣的人，他一直不斷地針對你，一直不斷地對付你，一直不斷地欺負你，你一定要記得一個原則：堅持善！

你以為被他欺負，人家不會看嗎？會！人家會看。

他越欺負，他會越得意，他會覺得越開心，因為他覺得你怎麼都不反擊，他就會繼續欺負你，到後來，別人看不下去的時候，一定會有人出手，但那個人絕對不是你，菩薩都在安排，菩薩都在看你能沉著多久、忍著多久，菩薩會安排一個貴人出現來救你的，只是這需要時間。

有的人就是忍不住那個時間，氣不過，就跟他對抗了，那麼，你就要比惡更惡，那不是更恐怖的一件事？

有的時候你會反省自己說：「我原本不是那樣的人，可是我跟他們在一起之後，我不得不變成那樣的人。」那就太可惜了。

所以堅持善，不是笨蛋。堅持善，也不是不對的。

堅持善，有它必須要擁有的道理，因為因果很快就會循環開了。

我們要去珍惜我們現在當下所遇到的事情，它都是一個經歷，是一個祝福，它是非常重要的依據。

因為有了這些考驗，你才能夠度過現在的難關，進行到下一個階段。

人的一生，有很多事情的安排，都是必經的道路，是必經的過程，也是必經的學習。

你必須痛過之後，才能夠以感同身受的心態來面對別人。

你如果沒有痛過、沒有苦過，沒有經歷過這些，別人會認為你只會說風涼話而已。

我們很容易站在自己的角度說風涼話。譬如看到人家很好，「哼！我看他可以好多久！」

為什麼要這麼說話？

我們一定經歷過身邊的人說話不好聽，你知道那樣的話聽起來、說起來都不好，因此，就不要成為那樣的人。

菩薩說，一年愛班的同學因為有跟菩薩學習，大家的心態應該要很不一樣。不管外面的人怎麼對待你，不管外面的人怎麼對待這個社會、這個世界，如果你曾經恭請過菩薩，你有答應過要成為一個善良的人，今天不管你遭遇多大的惡，你都要永遠記得，一定要堅持善良是唯一的出路。

沒有錯，善良可能很弱勢，善良會被人取笑，善良到最後你會覺得人善到底要幹嘛？

人善到底要幹嘛？

在你往生的那一天，你一定會知道：「還好我這一生有堅持善，我才能看見菩薩。我堅持不了善，真的就很可惜了。」

珍惜此身，才能擁有此生美好

現在憂鬱症的患者越來越多了，有很多人可能會有潛在的憂鬱症，也難免會有想不開的時候。

有憂鬱的情況時，如果他是病理的、生理的，他的心裡面是真的生病了，其實，就是一個心靈生病的狀態，我們稱為心靈感冒。

他心靈感冒，所以他有憂鬱症。每個人也許都會有，所以不要去取笑有精神病、有憂鬱症的人，他們需要我們的幫助，也許是傾聽，也許是多一點的關心。

就像我們在傷心難過的時候，我們在感冒的時候，也希望人家給我們一帖藥、給我們一個安慰、給我們一個擁抱，我們便可能很快的就站起來了。

所以陪伴很重要，傾聽很重要。

不要說：「你很煩耶！你到底怎麼了？為什麼每次遇到事情就要這樣？」因

為他就是想不通，才會鑽牛角尖，才會遇到這樣的事情。

所以，當你們身邊有人有憂鬱現象時，多花一點心思陪伴他，讓他不要想不開，不要有機會步上後悔的過程。

如果發現自己真的有一些狀況，是你的家人無法給予你專業上幫助時，你就真的要去找醫生，或用藥物來控制。

自殺的人是很辛苦的，他會在那個地方一直不斷地輪迴，他會見不到菩薩，他會很難見到他想見的人。

菩薩說，自殺者是不可能可以找到任何人的。

你們一定要記得，如果你是有冤情，或是因為想要見某個人一面，你想用死的方式引他來見你一面，那是絕對不可能的。

人一旦做了傻事，就真的哪裡都去不了，就真的只能直接到自殺地方，一直不斷地輪迴，做同樣的事情，例如他會在同樣的地方一直不斷地上樓跳樓、上樓跳樓。

那要到什麼時候？也許到他陽壽盡了的時候，當有人可以為他引魂，回到他該去的地方。

而從上面這樣跳下去，讓爸爸媽媽這麼難過，這對家人來說，是一種傷心。所以，希望大家不管遇到任何挫折跟難關，千萬別做傻事！

無論如何，我們的人生因為有人身肉體的存在，而更顯得珍貴，也更容易修行。

雖然，有的人看得見菩薩、有的人看不見，但我們都懂得恭請菩薩九句。在我們很需要菩薩的時候，大家真的都可以恭請菩薩九句。

人有人身肉體，可以重來。

你犯錯了，你可以懺悔，你可以重新再做，你可以再給你自己一次機會。如果工作不好、工作沒前途、老闆主管很糟糕、員工很不盡責，你可以換工作，你的人生都有機會可以重新來過。

但人一旦走了，什麼都沒有了，人身肉體也沒有了，就無法好好的修行了！

你今天是因為恨這個人、討厭這個人而棄世，你現在走了，你就完全沒有機會可以報復他或是證明你的價值了。

你只有活著，好好的活著，越來越勇敢，才能給他好看！

人生挫折帶給你不同的轉機

今日，有很多老師會霸凌孩子，昔日，我的某個求學過程的老師也霸凌我，例如我在寫文章的時候，他就會笑我說：「黃子容有妄想症，寫那些什麼詩啊？你那些詩能值幾個錢？那些詩都是妄想的東西！」

可是我那時候，每個月投稿報社，報社給我的稿費，詩一篇幾百元，散文一篇一千到兩千元，長篇小說一篇連載三天八千元。

我在求學那個年代，一個月可以賺到快兩萬元的稿費。

我真的不是廢物、不是笨蛋，但是我的老師這樣講我，他在言語上霸凌我，我當時很生氣、很沮喪，但是我想要證明給他看，我不是他眼中說的那樣。

有人說，我該要怎樣報復他？

我沒得報復他，他是老師，我是學生，我很清楚我報復不了他。

但那時候，菩薩給我一個方法，他只要罵我，我就去唸一本書。

所以，學校圖書館的書我都看過了，你看他罵我多少遍！

再來，因為學校的書都看過了，我去借市立圖書館的書，我每個星期六、日都待在那裡，因為我閱讀速度很快，一天最多可以看好幾本書，我就這樣看，早上九點去圖書館，下午五點回家，我一整天都耗在圖書館裡，消耗這些負面的情緒，並轉化成有幫助的能量。

我沒時間想他為什麼要霸凌我，我只想著，要怎麼樣做可以讓我自己忘記那個當下被霸凌的痛苦，放下他霸凌我的事情。

因為他霸凌我，所以他成就了現在的我。

如果沒有他霸凌我，我不會開始寫文章。

當我在發表我的志願時，我說：「我十八歲的時候想要出第一本書」，老師笑死了，他說：「哈哈哈！怎麼可能有人十八歲會出一本書，笑死了！」

結果我在十八歲的時候，就出了第一本書，第一本書我就送給他了！

這就是證明我自己最好的方式。

不是為了要給他難看，而是要讓我自己更好。

他拿到書之後說：「一本而已！自己自費影印的吧！」

我知道，一個人是這樣的想法時，說什麼都是枉然的，何必在意他說了什麼？那些都影響不了我。隨便他要講什麼，都是他自己的選擇。

我十八歲開始出書，之後慢慢寫、持續寫，到後來，現在的我已經出版一百多本書了，他也不敢說什麼。

然後，學校還邀請我回去演講，當我站在演講台上看著他的時候，我就說：「我最謝謝的是這個老師！」

我說：「這個老師給了我人生當中不可思議的經歷跟美妙的過程，才會成就現在的我。」

那場演講之後，因為我偶爾都會回去學校，後來這位老師就轉校了。

我不用去對他怎麼樣，我只要出現在他附近，他可能就開始很害怕了。

我故意的嗎？沒有！他自己永遠都知道他在年輕的時候看錯了一個孩子。

那是他的課題，不是我的，我不在意。

有一天，我的母校校長問我：「子容，那時候你不是畢業生致答詞，成績還不錯，還為學校拿了很多獎狀嗎？為什麼你畢業時沒有拿到任何一張獎狀？」

因為那時候，獎狀要不要給，是導師的權利，他不給我，我也不能說什麼。

在畢業若干年後，有一次校長說：「那我補頒發一個傑出校友獎給你。」

我說：「謝謝，不用了！」

人生的成就不需要任何獎項去附註於它。

我會成為那個老師人生很重要的一個教材，為什麼？千萬別對孩子這樣，孩子會用很棒的方式來回饋給你的！

所以，要報仇，不用當下，而且不要用最惡劣的方式報仇，是要用你的實力去證明。

不是報仇，是要用你自己的實力去證明你不是別人口中說的那樣。

你要用行為跟能力去證明：「他說的不是我！他講的任何狀況都不是我！」所以你不用生氣。幹嘛要生氣？因為他說的不是我，因為我不是那樣的人。

不要花太多的時間去證明他說的是錯的，你要花時間去證明你是對的；而不是花時間在別人身上，去阻止他這樣講，是花在你自己身上多一點的時間。

人生中，當你站得住腳的時候，當你充滿理直氣壯的時候，當你的人生功成名就的時候，還是要記得，留給別人一口飯吃，留給別人立足之地，那才叫慈悲。

人在越好的時候，其實要越感恩曾經在你生命中出現的一切。

當時我真的很痛苦，一個星期去上課三天，其他時間我幾乎請假。

在那個年代，星期一到星期六是要上課的，我幾乎都請假，因為我每次去都要被他霸凌，我很難過，所以我就逃學、逃避不去上課，那段時間真的很煎熬。說我被霸凌，別人覺得不可能；說我被欺負，別人覺得：「你有問題。」很多事情在當下都無法證明，唯有你的努力，有一天可以證明你的過去。

如果他沒有這樣對我，我不會變成這麼堅強的我，所以我還是要感謝他。

人生挫折真的會帶給你不同的轉機，當下的你不會知道，等到一切都過去了，你就能體會這份人生中的禮物。

人生還原，原廠設定

有人說：「我身邊真的太多小人了！」

任何在生命中的每個關口出現的小人，都是菩薩派來的的大魔王。你過關之後，你的功力就升一級。你的關卡過了，然後就再繼續進行到下一關。

碰到更機車的大魔王，千萬不要認為他是魔王，因為他必須堅守自己的崗位，你就是要過關就對了。

那該怎麼辦？就像在玩電動一樣，這一關過不了，重新開機就好，或是等時間產生新的生命。

有的遊戲，經過一定的時間後，就會有新的生命，不然就跟朋友索取新的生命。這就像當心情不好時，就想跟朋友傾訴，朋友傾聽之後，也許給了你不同的建議，你對人生有了不同的看法與見解，轉念了，人生就不同了。

所以人生有很多時候，一定有辦法重新再來，因為你還在。

但如果你想不開，你就 Game over 了。

不要忘記，你每個挫折都可能有 Game over 的時候，怎麼辦？重新開機，或是回復原廠設定，都還可以重新再來。

回復原廠設定，就是讓所有的記憶都重新開始。

所謂的回復原廠設定，重新開始，就是要告訴你：把過去的包袱通通忘掉，我的人生真的重新開始。

重新開始，你的機器又是一個活的、好的，又可以再來一遍。

人生有無數個轉機，有無數個機會，但是，你如果把機器摔壞了，你便連機會都沒有了。

無論如何，都要留著我們的人身肉體，一切希望便都還在。

不要太在意別人說了你什麼，你的人生永遠是自己的，要為自己創造高潮，要為自己創造奇蹟，要為自己創造價值。

別人怎麼說，那是在別人嘴上，你自己怎麼做才是重要的。

別人相不相信，都不重要，我就是做我自己該做的。

人生當中，本來就是會遇到很多人生的導師，包含你們也一樣，不是站在台上的才是老師，在你們真實的生命、生活裡的人，他們才是你們的老師，例如你的爸爸媽媽、你的兄弟姊妹、你的親朋好友、你的同事，他們才是你生命當中的老師，當然，還包括各個關卡的大魔王。

你必須要過關，才能夠迎接下一道關卡跟下一個課題。

別人怎麼說你，別人怎麼說我，都不重要。

最重要的是，你是一個怎麼樣的人，那才是最重要的，是你對你自己負責任。

希望大家一定要謹記，念轉運就轉，人生的命運掌握在自己手裡，不是掌握在宮廟的師父手裡，也不是掌握在風水大師的手裡，一定都是掌握在你自己的手裡。

只要觀念改變了，個性改變了，態度改變了，脾氣改變了，你的命一定很好。

現在有一些人動不動就打打殺殺的，看一眼就要殺人或是要賞巴掌，這些人都情緒失控了。

面對這些人怎麼辦？用善去引導他，或者用耐心去應對他，給他多一點愛。他一定是沒有足夠的愛，或者是對愛的感受不夠，因此產生了恐懼，所以，我們就用更多的包容去對應他們，包含對我們的家人也是一樣的。

人生有很多機會可以重新來過，只要你還在，一切都有希望。

生老病死，別離苦

我們的人生經歷了生老病死，很希望有一天可以跟著菩薩回家。

菩薩一直強調，我們要堅持一個原則，就是善良，我們才能夠在自然死亡或是意外死亡的當下，可以有菩薩來接引，不用靠別人，自己稱唸佛號，也可以有菩薩引領我們回家，回到菩薩的身邊。

其實，在我們快要往生的時候，只要在我們的心裡面說：「我要見菩薩！」菩薩就出現了。

因為你心裡面有菩薩，發生事情或意外的時候，菩薩就在我們身邊了，你不會感到恐懼的，你不會寂寞的。

我們現在為什麼這麼努力地過生活？為什麼要這麼努力地過人生？就是希望當有一天要走的時候，能見到菩薩，菩薩能夠來接引我們。

所以，不要做對不起菩薩的事，不要自殺，不要傷害別人，不要在臨死前讓別人難過、捅別人一刀說：「我死是因為你！」這都會讓離開的人或是留在這世上的人很難過。

人生本來就會經歷生老病死的課題，會生病是自然的，會死亡是正常的，人生沒有任何一個人可以逃得過死亡這件事情。

人身肉體不會因為你拜神拜佛拜得很勤、吃素、唸經、打坐，你這一生就不用面對生老病死，不可能的。

所以，我們在面對生老病死的時候要能夠珍惜。

不要說：「我生病了，是不是我犯了什麼錯，我是遇到了什麼冤親債主，才會這樣？我為什麼會死？是不是誰害了我？是不是沒拜祖先？」

這些都不是問題，這些都是人生本來就會遇到的，這就是人身肉體，生老病死是必經的過程。

我的家人，不會因為我通靈、幫菩薩辦事就不會生病，也不會因為我是菩薩的辦事者，我就不會受到困難、挫折，會的！反而我經歷的課題會比大家更多、更難，我也常常覺得，怎麼這件事情處理完，又換那一件，那一件結束，又有另一件？

所以，每個人是一定會面對生老病死的，怎麼辦？拿出勇氣來，拿出你的生命力來，面對就對了！

記得大家的錢一定要守好，因為賺錢很不容易，賺錢是為了給自己或給家人過更好的生活，不要隨便把你的錢拿去給神棍說要祭改、要處理掉你的冤親債主，這些錢都是很辛苦賺來的。

要度化冤親債主，靠自己！唸經迴向給祂們，做善事迴向給祂們，讓祂們相信你是真正的在做改變，祂就會放下，祂們就會原諒你了。

再來，你們可以去參加各地免費的法會，如法鼓山、佛光山、承天禪寺……。要花錢的法會，請大家量力而為，不要有負擔。

我們一年有兩次法會，新春祈福法會跟農曆七月的超渡法會，都是免費進場的，大家都可以來參加，用善心善念跟自己的念力，去度化那些冤親債主及歷代祖先，用這樣的方式就可以了。

你的一言一行，才是真正影響你的人生、你的冤親債主和歷代祖先的關鍵點。

人生會出現很多的難關，來考驗你能不能忍住。這個課題一旦通過，你就平安了，就順利了。

所以，不管別人怎麼樣惡、怎麼樣討厭，我們都必須要永遠堅持當一個善良的人。當有一天，我們即將往生的時候，便會見到菩薩來接你。

要珍惜每一天，好好地過每一天，活著就是要勇敢。

有很多人都覺得活著好痛苦，活著就是要受苦，沒有人活著是覺得天生來享樂的。

人活著本來就是要受苦，因為受苦才能成長，受苦才能茁壯，受苦才會有人生智慧，才能夠把你的成果、成長的經驗跟別人分享。

每一個人都是觀世音菩薩的種子，你們人生當中所經歷的，都是為了要去影響別人，讓你身邊的人跟你一樣越來越好。

希望大家可以改變你自己的人生，可以為別人帶來很多的勇氣，可以改變別人的命運，你也可以分享你自己的經驗，跟別人說：「我都走過來了，你也可以的！」

然後，那些曾對你酸言酸語的人，也會看見你的表現，看見你的成長，他會認為你很不一樣。

那不是為了證明別人是錯的，而是為了證明你是對的！

所以，永遠不要花太多時間在別人身上，而是要好好的照顧自己、培養自己。

人生當中，沒有因為誰是誰就比較厲害，也沒有因為誰怎麼樣就不用經歷什麼，每一個人都要面對生老病死，這都是很公平的。

像我這樣的年紀，可能都是在看盡人生。

有的人會說：「年紀越大，越看得開。」為什麼看得開？

因為年紀很大了，經歷的事情多了，其實是不得不看開。每次都經歷這樣的事情，越執著、越在意，只會痛苦，所以不得不看開。

年輕人會覺得：「這個一定要爭取！這個一定要那樣！」不要去勸他們放下，因為他這個年紀就是要去爭取，就是要執著，當他到了他要經歷的某些時間點之後，他自己會學習到：「原來這個要看開。」那就是他的人生經歷。

我們年輕的時候也經歷過那樣，所以，不要倚老賣老去跟年輕人這樣說，沒有用的，他沒有自己經歷過，怎麼有辦法成長？

譬如有的孩子都會說：「為什麼要這樣？為什麼要唸書？」讓他去經歷，人家如果嫌他學歷太低，他就會知道唸書的重要。我們雖然跟他開導了，仍然有一些是他難以體會跟瞭解的，總要他親自經歷過之後，他才知道，原來誰說的是對的。

人生只有自己經歷過的，才能是自己的成績單。

生老病死的經歷、體驗很痛苦，體會了愛別離生死苦，你就能更懂得珍惜人生，更懂得感恩生命中出現的所有人。

上天一切自有因緣，人生經歷自有安排。

每一份努力都靠自己

人生，若別人說，就都是別人說，只有自己經歷的才是自己說，每一份努力都需要靠自己，沒有人可以依賴他人輕易獲取成功，想要獲得長久，絕對要靠自己。

很多時候，人生就是為了取財而活著的，活著就是希望可以過更好的生活，可以幫助自己的家人過更不一樣的生活，得到家人對你的肯定，肯定你存在的價值，肯定你的成就，這樣的努力，也是人生修行的一種方式。

財神爺照顧我們的財運，絕對不是憑空而來的，一定是看著每一個人的努力。不會因為今天你來加持你的包包、加持你的寶盒、你的財袋，你就有很多金元寶了，然後回去就不用工作，就可以離職、享受人生了。

你還是要靠自己的努力，去經營你自己的人生。

財神爺只是多給我們一些財氣，多給我們一些好運氣的加持，最終還是要靠你自己努力，成就是靠你自己創造出來的。

你願意努力，今天所加持的財氣，便都可以化作具體的財來到你身邊。

錢雖然很粗俗，可是有錢可以做很多事，有錢可以改善你爸爸媽媽的經濟跟生活的狀況，有錢可以幫助你的兄弟姊妹，有錢可以聚集大家善的力量來幫助更多的人，有錢可以讓人變得豁達，但不要小氣。

錢雖然不是絕對重要，但是很多時候，錢真的是需要的。

例如當你漸漸有錢，你改善了家裡的經濟狀況，你的家人會覺得你很棒，相對的也得到了很多的讚賞及肯定，這都是相對的，人就會變得有自信了。

家人生病，需要用到錢財，錢財也變得需要且實際。

但請一定要記得，財神爺給大家財運、財氣，都只是為了讓大家建立一個觀念：有錢很好沒有錯，但錢夠用就好。

人千萬不要貪心，不要要了還要更多。

因為要了更多，有錢沒命花，還不是一樣可惜！所以錢夠了就好。而且如果夠了、多了，你還可以去做善事，那更好。

要記得，面對未來，你有菩薩陪著！

你所經歷的一切，菩薩都看著，跟你一起經歷著。

人都不要貪心，多了就付出，少了就努力，一切自有安排。

體會中，看淡人生，瞭解人生

每次大型座談會，大家一起恭請菩薩九句的時候，在現場的同學們都能很清楚的感受到菩薩的存在。

現場，你可以告訴菩薩你現在所經歷的問題，祈求菩薩能帶給你智慧，能夠幫助你過得平安。

你每天都可以靜下心來，雙手合十，虔敬跟菩薩說話，把你心中的悲苦交給菩薩帶走，留下來的只有歡樂跟開心。

從這一刻起，你要學習著如何讓自己感覺到幸福，如何讓自己放下悲苦，能夠勇敢，能夠體會人生當中的生離死別，能夠體會人生所經歷的一切，讓你更有勇氣，讓你更加勇敢。

菩薩說，人生其實是苦的，但是，如果你用另外一個角度或從學習的角度來看待你的人生，你會發現人生不苦，因為我們在苦中學習了、成長了、承擔了，也變得勇敢了。

所以菩薩會伴隨著大家，經歷人生所發生的一切。

當你心裡覺得苦的時候，菩薩陪著你；當你覺得難以決定時，菩薩給予你智慧。

所以，你可以請求菩薩幫助你度過難關，給予你人生當中的大智慧，至少把你的苦帶走，讓你的人生能夠更加地順遂。

這十幾年來，我們一直都是維持每個月開座談會，從十幾年前開始，就不定期的會公告在網路上。

很多同學都是因為有困境之後，來參加座談會，然後在座談會當中找到答案。

有些人參加了前世今生，有些人參加了問事，有些人參加與菩薩對話。

從過去到現在，菩薩心語或是菩薩對話，甚至於菩薩講的話語，都會讓大家有一些思考。

菩薩這麼感性的跟大家講這些的原因，是因為在三個月前，我們開始進行了所謂的「菩薩祝福好能量場」。菩薩在場次進行當中，忽然間，感受到很大的感動。

菩薩說，原本祂沒有預期到這些孩子們可以在短短的十幾年內改變這麼多。有參加菩薩祝福能量場的同學，一定有聽到菩薩說：「你過去是一個怎麼樣的人，現在你變得很不同了！」

你們也應該會發現，現在的你跟過去的你，很不一樣了。

以前沒報名到座談會會生氣：「為什麼名額開這麼少？為什麼不多一點？」然後很容易憤怒：「為什麼我拿不到這個東西？為什麼他有，我沒有？為什麼你的前世今生場只能十二人進場？你不能多一點嗎？老師你每天都在做什麼？」一開始都會把問題丟給別人，認為這是別人的錯，所以他會認為：「我問不到事情，是因為你開的場次太少。」

雖然，我是從二十幾年前開始辦事，但是，真正有在網路上公開幫大家辦事的時間大概是十五年。

這十五年裡，在剛開始的那五年，除了週一或週二去錄影外，平日每天都有座談會，一天有四場，一週約十五場，一個月約六十場。

這樣子進行了五年，長期下來，是一個非常可觀的數量。

當時的我會憤恨、會生氣，我會覺得：「菩薩你都一直這樣利用我回答這些問題，累死我了！」

到後來我發現，我苦的日子都在前面，再後來的五年，一個月我只開二十場。

更後來的五年，我年紀大了，到現在，一個月大型加小型共十場。

其他的時間，我可以寫寫書、看看書，做做我想做的事情。

其他時間，有人有需要，我可能會去家裡看風水或抓鬼；或有人家人生病，我可以去醫院看他。時間更多，彈性更多，做的事情反而更多了，法會和大型座談會參加的人反而越來越多了。

現在我聽到的不是：「老師，你怎麼不辦座談會？」我聽到的，大部分都跟我說：「老師，你要多休息，不用辦座談會，因為我們可以靠我們自己的力量去解決問題。」我聽到之後，覺得很欣慰，很感動，原來過去的努力成就了現在。

過去我們一直都在怪別人：「他沒有給我什麼！我今天會這樣，都是他！」到現在你看看你自己，你會懂得替人著想：「沒關係！可能他怎麼了。」你會試著從同理心跟感同身受出發，替別人想。

現在的情況，你也許不滿意；現在的生活，包含你的同儕、妯娌、大伯、小叔……等，也許都讓你很不開心。可是你會發現，你不會刻意的想要去改變他們或改變別人，因為你發現，那比去西方取經還難，所以何必去改變別人。

漸漸地，你會發現自己在生活當中，從十幾年前到現在的你，越來越會站在別人的立場想事情了，也不那麼愛生氣，不那麼愛計較了！

菩薩說，一個人經過了十幾年的學習，長大了。

這個長大，不是因為修行的道行變得更好，而是你們在這些生活當中的體驗、體悟更多了。

體悟多了，體會多了，看的事情多了，你遇到的人多了，就足以改變你看待這個世界的角度。

老人家還是有很多的經驗談是真實的。

當我們年紀越來越大之後，我們會有越來越多的體悟。那個體悟，不是我們倚老賣老，而是我們在人生當中發現：有很多事情強求不了、強留不住，還有，有些事情根本是想得卻永遠不可得。

所以，我們漸漸學習了放下、釋懷以及祝福。

你說：「我們變消極了嗎？」沒有！

我們知道有些東西本來就不能得到，不能得到的原因是它本就不屬於我。

我強求，只是增加自己的痛苦。

你有沒有發現，強求的東西是很難留得住的。

人也好，時間也好，物品也好，很多事情是真的沒有辦法強求、強留的。

你用這樣的體悟，開始改變自己的想法之後，你的人生漸漸的也會跟著改變，也會變得很不同。

菩薩講了一段話：本來你想要去改變別人的，到最後你會發現，其實，改變自己比較快。

有些時候你想要得到更多，經過了人世間慢慢的學習之後，有一天，你會知道隨緣比較好。

想要得到，算了！隨緣就好。

能得到，我們就珍惜；不能得到，隨緣了！

再來就是，以前會擔心害怕，害怕生老病死、害怕有人陷害、害怕有人覬覦……，種種擔心害怕，漸漸也會放心跟放下了。

不要再擔心，不要再害怕，不要擔心這件事情的發生，不要擔心孩子，放下吧！

他有他自己的人生，他不努力，有他自己必須承擔的後果。

他願意清醒、想清楚自己要的，人生會因此不一樣。

如果他沒想清楚，他的人生可能就一直不斷地在重複某些訓練，讓他未來變得更加精進，以及更加勇敢。

所以，想要改變別人，就先從改變自己、做給別人看開始。

你的擔心、害怕，該發生的還是會發生，該處理、該面對的還是要處理。

那怎麼辦呢？就是處理它，放心、放下就好了。

有小孩的朋友，我們都在看著生命從小慢慢長大了。

爸爸媽媽在的，我們看著爸媽從青壯年，慢慢的看到他們變老、變虛弱了。

我們看著生命，體會著生命，原來這世界上所擁有的，抵不過生命的變化。

有人說：「我這輩子汲汲營營要有錢！沒錢很可憐。」

我相信沒錢很辛苦，也很可憐，所以我們要靠自己，要更努力。

如果可以的話，多付出給身邊需要的人、奉獻一己之力也很好，上天一定會保佑你的，保佑你想做的事情能夠順利完成。

對於這些改變，其實都不容易。

從我們生活當中有一些改變，其實都不容易。如果你不願意，你不會做到。

有很多事情是因為你願意去做了，所以改變了。

例如菩薩公布了一個開運大補帖：「想要有好運的人，去吃紅色糖果、紅色食物……等等。」公布這消息後，有人就馬上去買、馬上吃、馬上分給大家，這就是一種行動力。

真的是因為那個糖果或紅色食物產生了力量嗎？不是！

是因為菩薩給了你一個方法，你真的想要改變自己的人生，而願意試著採用這個方法。

菩薩看見的，不是你吃了這個東西有多紅、有多好吃。

菩薩看見的，是一個人的行動力，因為你想改變，因而有這樣的行動力。

菩薩看見了很多人的改變。

菩薩說，其實每一個人的人生，自己的經歷，你自己最清楚。

你所受的苦，你自己最知道。你很清楚，菩薩也很清楚。所以你所有的經歷，菩薩都一同與你走到了現在的這一步。有些人最苦的日子，也許已經過去了。

如果現在是你人生當中最苦的一個階段，菩薩說：這一切都會過去的。

不管是你現在中了獎、考到了大學、升官、加薪了，這都是這個當下的事，這些開心都會過去的。

所以你的苦，當有一天再回頭看的時候，你會發現那些都過去了。我們要想辦法讓自己不要停留在現在的這個點上，要一直不斷地往前進。

菩薩說：「沒有人是不痛的，也沒有人是不苦的。不痛，是因為人變得勇敢了。不苦，是因為你接受了。」

有很多人是：他接受了現在生命所給予他的變化，承擔了人生當中所給予的禮物。

有的人可能會想：「我年紀越來越大，我所要承擔的越來越多，我所遇到的困難越來越難，為什麼會這樣？」

菩薩曾經講過：因為你的能力越來越強了，你所要考的試就會越來越難了，因為你所擁有的智慧已經跟以前不一樣了。

你的程度如果是大學，便不能拿小學題目來考你了，相對的難度就會比較高。

怎麼辦呢？繼續學習，繼續讓自己能夠過關。

承擔了這些，都是為了讓自己不痛、不苦，未來可以過得更好。

這是菩薩要跟大家講的一段話：「一個人有願，就有著心。一個人有心，就有了行。有了行動力，什麼困難都不怕了。面對未來，你有菩薩陪著，所有的喜怒哀樂，都是安心的、平靜的，因為你知道，菩薩與你同在。」

你們一定要記得，一個人只要有願，他有一件事情想要做，就有心了，因為他有心裡想做的事情。

未來，我們所做的每一件事情，都不要忘記菩薩與大家同在，所以不需要擔心，你只要勇敢，你只要等待，這一切很快就會過去了。

當下的痛苦，都是當下的，都是短暫的。

苦難會過去，快樂會留在你的人生記憶當中。

勇敢堅定的活著

最近身邊的朋友發生了一些事情，生活當中遇到了困難、困境。有一天，我們詢問菩薩：「像這樣的問題怎麼辦？到底要怎麼樣才能讓它趕快過去？怎麼樣才可以趕快度過這難關？因為實在太煎熬了。」

菩薩就說了一段話：「這一切都會過去的。不管你在當下所體驗到的是快樂、是悲傷、是痛苦、是煎熬，這個當下的這個現況，很快就會過去的。」

不管你現在所接收到的是喜怒哀樂的任何一種，這個當下的情況是，再過一下下，再過一陣子，只要你夠勇敢，它都會過去的。面對困境、苦楚，我們都要勇敢。

其實，我去年一整年到現在，每天都遇到不同的困境，但是，人就是要一直不斷地想辦法，讓自己勇敢的活下去，雖然很苦很苦。

我們會常常問：「人生為什麼這麼苦？為什麼來當人一定要受這麼多的苦呢？」我們來當人，就是為了要學習。

學習，不可能學了一件事情之後，就說我學完了！你後面的日子，還是要繼續活下去，所以，你的課題就會一直不斷地在每個不同的年齡階段出現。

在每個年齡遇到的時候，因你的成熟度不同，你在看待事情的處理方式就會不同。

你試著回想，在十幾、二十幾歲的時候，你在處理一些困難、困境的時候，可能因太過於意氣用事，可能沒有顧及到他人的心情，而傷害了別人。

那時候，你可能只會想：「只要我喜歡，有什麼不可以！我只在乎我自己的情緒，我哪管那麼多。」所以，你可能會做一些不智的決定。

其實，在那個當下，那些決定對你來說，都是必須要的，也已經是最大的可能了。因為那時候的你，就擁有這樣的智慧，擁有這樣的想法，只能這麼做。所以過去的那個你，你不能怪罪他，因為他也是在這些挫折當中，一點一滴的學習與成長，才能累積到現在這樣的你。

有的人會說：「為什麼我現在這麼苦？為什麼還要繼續學習這些？為什麼每天都還要遇到這些問題？」

這就是人為什麼要來這一世修行，很重要的一個因素。

今天如果我們都學完了一個課題，然後就沒有下一個課題可以學習了，我們的人生就沒有意義了。

我們的人生，會一直不斷地遇到困境，一直不斷地想方法化解困境，然後，也會一直不斷地學習成長。等到有一天，我們都學習圓滿了，便自動會回家。

學無止盡。活到老，就是要學到老。

當下的困境，其實都會過去的。一切都會過去的！一定會很好的！我們真的會越來越好的。撐過了，就是你的了！

不管怎麼樣，希望你很勇敢，很堅定。

不管怎麼樣，都要跟我一樣勇敢。

在遇到問題的當下，先不要氣餒，雖然很沮喪，雖然很難，但是盡可能的讓自己在幾分鐘之後，就要趕快好起來。因為問題還在，光氣餒、沮喪，問題不會被解決。

深呼吸一下，再想想看有沒有更好的辦法，或者是祈求觀世音菩薩幫我們解決，給我們力量，給我們智慧，給我們靈感，這都很好。

不管心痛、煎熬、開心、快樂，人生中的酸甜苦辣，都在那個當下，一切都會過去的……。

願力願行

願力行

本章節要談的是有關於願力的使用方法。

我們每一個人都會許願望，許了這個願望，你就會希望這個心願是可以達成的，但是要達成這個願望，它有很多需要相輔相成的條件。

要達成這個願望，你可能要先有一個計畫，然後要知道該怎麼做，你要瞭解這個願望執行的過程或這個心願達成的過程，因此大部分過程，我們都必須要有執行力。

所以你想做一件事情，你也必須要有行動力去完成它。

就像是，你肚子餓了，你想要吃飯、想要吃飽，這是你現在當下想做的一件事情。這個當下你想做的這件事情，它就是你的願望。

你想要達成這個願望，你肚子餓，你想要吃飯，你想要填飽肚子，讓自己的

肚子不要感覺到空虛，不要有飢餓的感覺，你想要終止這樣的感覺，就是要去做，譬如就要走出門。

走出門之後，它又不是一件很容易的事情，因為你要選擇要吃什麼會是可以讓你比較開心的。

你也可以選擇隨便吃，這是比較簡單的，沒有太多的欲望跟想法，你就去吃，只要能夠填飽肚子的都好。

你會發現，有時候，在完成一個願望的時候，有的人會想得複雜：「我要怎麼樣完成它？我的方式是怎麼樣？」有的人認為，方式要漂亮、要完美。但有的人卻覺得沒關係：「我只要完成就好了，我只要達成這樣的心願就好了，中間的過程、條件其實不是那麼重要。」這個選擇取決於每一個人的個性。

有的人會覺得有吃飽就好，有的人會覺得：「至少我要吃到我喜歡的，我要吃好吃的，吃到不好吃的就覺得不開心。」這個中間沒有對錯，只有你自己的選擇性，所以，這是自己的個性所做的選擇。

當你走出去了，選擇了一個食物，你覺得你就是要去吃這個東西，這個東西吃了會讓你飽，這個東西吃了會讓你開心，這個東西吃了會讓你覺得美味，你要去找，找到了，你就要開始坐下來吃。

過程中，可能會有很多的干擾，譬如說人很多，你沒辦法進入這家餐廳，或因為這家餐廳沒開，會有很多中間過程、波折來影響你去做這件事情，你要吃到這個東西原來這麼困難，這不是一件簡單的事情。

假設你今天很幸運的吃到了，你就完成你的心願了，心願達成了，你就會開心，你就會再回到原點，想著下一件要做的事情。

那沒吃到怎麼辦？他可能就會再選，退而求其次選擇別家餐廳，看看附近有沒有得吃。

在沒有辦法達成心願的同時，人會再選擇一個次要的願望，來讓自己平復，這是比較能安撫自己的人。

但有的人就會生氣、會憤怒，因為他得不到這個東西。

所以你會發現，當我們在行這個心願的時候，不管能達成或未達成，都會展現一個人的個性，這就能看出一個人的修養及平常時的個性與生活態度。

有時候未達成，我們可以看見一個人的個性，是因為每一個人都會有受挫折的感受。

當這個人受到挫折，他的願望無法達成的時候，有的人會學習接受，這可能是經由學習得來的，但也有可能是因為他的個性本來就比較大剌剌、不在乎，所以他可以接受目前這樣的結果，他都好！

但不管你的原始個性怎麼樣，第一時間反應出來的是很重要的，這也就是我們一直在追求的。

我們在追求的就是，如果這個願望沒辦法達成時，不要讓你不好的個性在第一時間顯露出來。

不管你的個性原本是好或不好，都盡量顯露出好的個性。

原本你的個性就是好的，遇到不能達成的事情時，因你的個性本來就不會去抗爭，你便會退而求其次去選擇其他，這代表你的個性是好的。

如果個性不好的，你會生氣、會憤怒。

其實，我們最主要的學習就是，在遇到受挫的時候，你還能展現出好個性。不管願望有沒有達成，你都要學習如何展現出你的好個性。所以，學習展現好個性，是真的非常的重要。

怎麼樣可以讓我們的願力能被我們自己召喚，然後，讓這件好事情能夠發生？

願力的行使，除了剛剛我們講的執行力、行動力之外，其實還有一個很重要的，就是我們願力、信念的召喚。

信念可以讓這件事情發生，因為你相信，所以心靈的力量會變得很強大。

信念是一個很強大的力量，它可以讓事情發生轉變，可以讓你擁有正向的能力，去促使這件事情有所轉圜、有轉捩點，可以讓它展現不同的面向、結果。

怎麼樣可以讓你的信念力量變得強大？就是相信它。

怎麼樣叫做相信？同樣的，我們把吃飯的例子拿來做一個舉例。

你相信你可以吃到好吃的，即使這家餐廳沒開，你也相信會找到另外一家好吃的；即使另一家餐廳不好吃，你相信你已經飽了，你相信你會吃飽。

所以不管怎麼樣，你的信念始終會支持你擁有好運氣。

你喜歡的、想吃的那家餐廳沒開，你去了之後，它沒開已經是事實了，所以，第一件事情是你要先接受這是一個事實，這家餐廳真的沒開，你不會吃到跟它一樣同等的菜色，你不會吃到跟它一樣的美食，你要接受這件事情的結果。很多時候，不開心是因為我們無法接受這件事情的結果。

當你決定要接受這件事情的結果時，你就要相信：「我等一下再找的餐廳也會是好吃的」，這是一個相信，這是你的信念，也就是所謂正向的想法。

你相信你會找到好吃的，你相信了，於是，你找到一家餐廳，也坐下來吃了，結果很不幸的，這家餐廳真的也沒有很好吃，怎麼辦？

你可能會想，人生就是一連串的不幸串成的，你就要再轉念、再相信一次：

「就算不好吃，我相信我也已經吃飽。」

所以，人生不管遇到任何挫折，你都相信你的人生其實是已經被滿足的了：「沒有吃到好吃的，沒關係，我也已經吃飽了。」

你的人生有不完美嗎？不會有不完美的事情發生，因為你一直相信：「不管遇到什麼事情，對我來講都會是很好的，都是最好的安排。」

所以你愛這個人，你相信這個人會愛你，當好的能量聚集，這個人可能就會真的愛你。

萬一他真的不愛你了，拋棄你了，沒關係，你會相信，你遇到的下一個會更好。

遇到下一個了，你發現他好像不是很適合你，你知道了，原來他不適合你，所以你會相信，會找到下一個更適合你的人。

人生是一直不斷的在相信，不斷的在創造希望，不斷的在許願，不斷的因為你的許願而讓你自己很努力的去達成這個願望。

願望總會達成，只是你的願望要不斷的稍微做調整，你的心態是可以被調整並接受調整的。

有的人是很固執的，他不願意接受自己要調整，他覺得應該是別人調整，他覺得應該是上天來幫他調整，他不願意接受調整的狀況，就只能一直不斷的受挫。

「為什麼上天不眷顧我？為什麼我這麼不好命？為什麼我這麼不幸運？為什麼不是讓我遇到這件好事情？」

人生是一直不斷調整自己的人生，達到你自己想要、決定要的目的與許下的願望。

你可能會有一個疑問：「老師剛剛不是叫我們要用信念去相信這件事情會成功嗎？」對啊！是啊！在整個過程當中，你依然都還是相信。

你沒有因為備受挫折之後，你不相信了，或是因為備受挫折之後，你相信不好的事情會發生在你身上。

所以，從頭到尾你都相信好的事情在你身上：「不管是有沒有吃到美食，我都是吃飽了」，你相信這件好事是已經滿足了你自己。

在整個相信的過程當中，你都沒有出現負能量，就代表你這個人一直都相信會有好事發生在你身上，這就是一種信念的聚集。

為什麼要行使信念？為什麼要相信？為什麼要聚集這樣的信念？是因為信念可以讓心靈的力量變得強大，讓你的能量、整個人的行動力、整個信念都是飽滿的，所以你就會很想要去做好這件事情。

回歸到最原始許願這件事情，為什麼許願的時候要充滿信念？為什麼要用信念讓這件事情會有好事發生、有奇蹟發生？

是因為我們的心靈力量強大的時候，你好希望這件事情可以成功，當這個心念力量非常強大的時候，你的信念就會散發出這樣的訊息，你希望這件事情變成這樣的結果，你散發出來的訊息會在這個宇宙中自我調整、自我排列組合。

這世界上所有的訊息，都會自行排順序、排訊息，什麼事情是先做的，什麼事情是後做的；什麼事情是可以做的，什麼事情是不可以做的，都會自然摒除、自然排列，排列了之後，上天就會幫你。

因為你的信念很集中，因為你的心靈力量很強大，所以，祂們就會自然的幫你排除會妨礙你的、不適合你的障礙。

假設今天你得到了一個人，跟他在一起後，他居然離開了，這就是上天發出了一個訊息給你：這個人不適合你，因此，自然排除掉。

所以，你在許願的當下，這個願望有可能本來就不適合你，上天就會自然的幫你排除掉，讓你不適合去做這件事。

舉例來說，就像有人說：「我從小到大都很想當一個偶像歌手，我一定要去當歌手，因為我發現，當了歌手，只要唱一兩首歌就可以賺個幾十萬，真的很好賺，所以我要去當歌手。」我想要當歌手，所以我會為了要當歌手去努力，我可能先去學唱歌、學點樂器，我做了很多的努力。

結果我發現，上天幫我排列訊息順序的時候，讓我意識到，我沒有遇到好的公司，我沒有遇到好的機會，促使我沒辦法當歌手。

這個原因是什麼?可能就是告訴我，我不適合當一個歌手，我許這樣的願望，對我來說，這個願望並不適合我，所以就需要轉折，需要換一個願望。許願的過程，也是整個調整人生計畫的過程。

也就是說，許願的過程，不能執著到許這個願望一定要達成。

我知道我達成不了了，我就要學習接受我真的達成不了，因為我的嗓音原來這麼難聽，我沒有那個環境，每個人都否決我，每個人都告訴我不合適。

在成長過程當中，有沒有很多人告訴你，你不適合做這件事、這個人不適合你?但是你可能不願意接受，一直不斷的去抗爭。

抗爭過程是好的，一直不斷的想要去爭取，一直不斷的想要去努力，這是好的，到最後，如果你真的可以爭取到，那就是適合你的；如果爭取不到，它就是不適合你的。

你可能會有個問題：「那我要爭取到什麼時候？」爭取到你堅持不下去的時

候，爭取到你看清事實的時候，你就會學習放下了。

所以，當你在許一個願望的時候，拼命的很想達成它，例如你很想當一個歌手，但你後來發現沒辦法當歌手、不適合當歌手的時候，你就要學習接受它：「原來這件事情我達成不了。」

許下這個願望，其實只是為了要輔佐你去許另外一個願望。

就像你在生日的時候，你許願：「我好希望今年可以去看極光」，結果你還沒存到錢，你也沒錢，怎麼辦？

有的人會想：「沒錢，我就借錢出去玩。」

真正比較腳踏實地的人，他會覺得：「我就真的沒錢去那個地方，所以我就換另外一個願望。我沒那麼多錢，沒辦法去那麼遠的地方，我就換泰國、日本、香港。再更少錢，那就台中。」所以，你也可以適時地轉換你的願望。

願望達成不了時，不要執著於：「為什麼我達成不了那個願望？」

我們跟上天或跟菩薩許願時，不要怪那個願望為什麼達成不了，因為你的條件達成不了，以及那個願望根本不適合你。

不適合你的原因，不是你沒資格去，是你所擁有的條件無法促使你可達成這個願望。

例如你沒有錢，你沒有辦法去看極光，這些都是條件。

當你的信念一發出來的時候，上天自然會幫你把這些訊息做排列，會剔除掉不適合你的事情。不適合你的，你就要選擇適合你的下一個條件。

何時出現轉機

有人問：「當我看不到未來，不知該努力到何時才會出現轉機，想要放棄時，要如何察覺：我是看清事實不執著？抑或我是沒耐心等待時間、機緣俱足而太快放棄？」

當我們的努力看不到未來的時候，那麼，就代表著我們的努力不夠。

當我們的努力看不到未來的時候，其實，就代表著我們必須要一直努力下去。

它沒有一個時間點，它沒有一個時間表，在我還沒看到成功之前，我必須要持之以恆的一直努力下去。

那會不會形成一種執著呢？

不會的！

因為當你發現有些事情是無法改變的時候，執著自然消失。你的心中會知道、會有所感應、有所知曉，那個再堅持下去，也不會有任何改變，那麼，就是放下執著的當下了，也就是可以接受這個當下的現況了。

願力是否達成

怎麼樣看你的願力是否達成了？

我的手比一般人還要小，我在學習大提琴的過程中，要按到四個音，這四個音的間距都很大，因為我的手沒有辦法張很開，所以我的手沒有辦法按。老師跟我講，我必須要換成小朋友的琴，我就可以四個音都按住。

因為我是初學者，在我沒有辦法馬上再去換另外一把琴的情況下，怎麼辦？我的老師告訴我，按不到上面那個音，那就只能選擇按這個弦下面的三個音，還要按緊。

我沒有辦法做到按四個音的時候，我就只能選擇按三個，它的音還是可以達成，只是很辛苦，變成要按得很緊、按好，但是它的音還是會呈現出來。也就是說，我要去接受我的手天生就比較短小，我做不到跟別人一模一樣的姿勢，但是我還是達到一樣的結果，這都可以接受，我就可以不用選擇要馬上換琴。

有的人可能不能接受：「我不行接受！為什麼每次按弦，我就要這麼用力、這麼辛苦？我不要！」那他就去買新的琴，也可以，但都達成了不是嗎？

就看你用什麼樣的角度看這個人生，就用你的角度來看你是否覺得圓滿。讓雙手的食指碰食指、拇指碰拇指，連成一個圓。要一個圓，看似容易，也看似不容易。

要用力量來讓這個圓更圓，你試試看！

很多事情是天生的，骨頭是天生的，角度是天生的，有的時候，人再用什麼樣的念力、願力，都沒有辦法改變人生當中與生俱來不可改變的事。

怎麼樣會認為它是圓的？你相信它是圓了，它就圓了，因為你已經盡力讓它變成圓的了。

我沒有辦法改變骨頭的彎度，但我已經盡力讓它變成盡可能的圓了，它就是圓了。

要從什麼樣的地方讓它變成圓的？從你的念頭裡面讓它變成圓。從你的念頭裡面可以散發出來的，足以改變人天生骨頭的圓度。

透由你的念力，它已經改變了。

透由你的念力，你已經改變了骨頭的彎度了，所以這世界上，怎麼可能有不能改變的事情，只是看你用什麼角度來看。

骨頭天生不能改變，但你用你的視野讓它有了改變。

這個圓在你的心中，這個圓在我們的眼中，這個圓象徵著很多事情需要圓融，需要有個連結，需要有頭有尾。很多事情要有始有終，做到圓滿。

不管我在任何一個角度、任何一個時間點，發現了自己不夠、不正、不好的地方，立即做修正，總會帶到圓滿。

在你的角度，你看那個圓不是圓，你覺得不夠圓，你就調整，調整到你覺得你可以接受的圓，調整到你覺得可以接受的方式。

其實，就是要不斷的用自己的方法，上天總會讓你有不同的選擇。

不管你做什麼樣的選擇，你都達成了，只是這個選擇是不斷修正之後的結果。

所以，人生是一直不斷的在修正成你想要的。

你二十歲的時候，希望可以嫁又高又帥的；三十歲的時候，希望可以嫁入豪門；到四十歲的時候，有對象就好；到了五十歲，可以結婚就好。

所以，你的條件可能會因為各方面的不同，自己會不斷的做一些修正，你想要的條件也會變得不一樣。

選擇題

前面我們講「做選擇」，選擇接受你可以接受的。

其實我們最需要訓練的，是選擇好的。你的人生就是要選擇好的。

什麼是對你好的？就是你可以接受的。

什麼是好的？就是你可以做的選擇。

所以人盡量不要選擇負面的、不好的，而這個標準是在於你自己，不是對於別人。

負面的、生氣的、憤怒的，會影響到你做直接判斷的，這些都是你可以不要做的選擇。

選擇對你的人生有幫助的，選擇對你的人生規劃是好的、是有連續性、連慣性的、是可以支撐你繼續走下去的，這些都可以做一個好的選擇。

假設你今天在做這件事情的選擇時，你發現了這個人、這些狀況是沒有辦法支持你繼續走下去或是繼續堅持的話，你就要選擇一個可以讓你繼續堅持下去的，你就要知道轉換、轉念、換選擇。

人生要不斷的選擇好的，千萬別選擇不好的。

所謂的不好，絕對是負面的，負面就包含了負面能量。

譬如你發生了一件不好的事情，有人欺負你，你可以選擇生氣，你可以選擇不生氣。人就應該要選擇不生氣，要選擇好的。如果你選擇生氣或選擇罵他了，後面的事情就會更多。

有些人在路上發生小擦撞了，下車選擇生氣罵人的時候，狀況就會不一樣，對方也會罵你，也會說：「是你的錯吧！」兩個人如果都罵對方錯的話，接下來兩個人就會在那邊叫囂，氣得要死。你可能趕時間，你可能要去接小孩，後面都耽誤了。所以，選擇不好的，後面事情會很多。

但是，如果兩個人只是小擦撞，「不好意思！可能是我剛剛沒看清楚」，另外一方也選擇說：「好啦！沒關係！反正就一點小擦撞，我也不是很在意」，兩個人就各自回到車上，這件事情就結束了。

辦公室裡面，你若聽到別人說你壞話，你可以選擇不好的，去找他：「你為什麼說我壞話？」就會沒完沒了。

那個人說：「我沒有啊！」因為你選擇了不好的，所以你會一直追問「你還說沒有！」

就算另外一方選擇示弱的說：「我沒有！真的沒有！不是我啊！」你也會一直窮追猛打：「你就是有！我就是聽到了！」會沒完沒了的，因為你在第一時間已經選擇負面了，你的情緒、你的負面能量不會放過你。

為什麼？因為你看見對方的態度是這樣，你會更生氣。

就算對方承認說：「就是我講的！」你也會更生氣。

如果對方是採取說：「對不起！我不應該要這樣說你壞話。真的很抱歉！謠言是我傳的」，就算對方已經道歉了，你會不會生氣？你還是會生氣。

也就是說，當負面能量一出來，是沒有辦法放過你自己的，不管對方認錯或不認錯，你都不會放過他的。

他認錯了，你會窮追猛打的一直不斷的去追問他：「那你為什麼要這麼做？你為什麼要這樣講我？你明明知道這不是真的，現在也承認不是真的，是你編出來的，你為什麼要這樣子做？」

也就是說，當負面能量一出來的時候，你是不會放過對方的。

負面能量會驅使你一直不斷的在做錯的選擇，當做了一件錯的事情，就會一直不斷的帶來更多不好的事情發生。

反過來說，當你聽到這件事情時，你放過他了，你即便聽到了，也不做任何辯解，看對方要怎麼樣傳，你選擇要用放下的態度去面對他，不管他了，如此，你跟這件事情便已經沒有任何關連了，這件事情就只能在背後裡默默的流傳著，但是因為你的態度跟你的個性是這樣，所以，相信這件事情是真實的人就會越來越少。

當有人跟你說：「他們私底下都在傳你什麼……」，你就說：「我有聽到。」人家問你：「你有聽到，你為什麼還不生氣？」如果你的回答是：「我又沒做！我沒有做，所以我不用去辯解」，別人就會覺得你很棒，相對的，對你來說有加分的效果。

命運取決於個性

在事情發生的第一秒，每個人的反應都不同，這跟每一個人的個性有關，跟前世今生無關，是跟人的個性有關。

人的個性取決於幾項因素。其中一個是看來的、學習來的。我看我的爸爸媽媽是這樣處理事情的，我就會學起來當作經驗值。

所以，如果你是身為父母，當你在做一些事情的時候，你一定要特別注意你的言行舉止，因為你的孩子都在看著你，你的孩子會學習、模仿你的行為，他會看著。

個性是天生的，再加上後天的教育跟訓練，還有每天所看到的狀況而形成的。

你看到的若是媽媽遇到不對的事情就開始抱怨、罵對方，你百分之九十離不開你媽媽的樣子，如果你不經過訓練、不經過警惕、不經過自我學習，不懂得不能像她那樣的話，你就會跟你媽媽是一樣的。

但有一種人，他知道他媽媽那樣做不對，他便不會像他媽媽那樣，所以他就會警惕自己，他就有百分之九十的機會可以脫離他的母體循環，可以不跟他爸爸媽媽一樣。

所以天生很重要嗎？天生的個性很重要，但後天的努力更重要。

像我們跟著菩薩每個月一次的上課、我們現在所看的念轉書籍，都是為了要努力的去改變我們自己，改變自己的個性。

為什麼現在有很多的孩子們會說：「我覺得我媽真的很愛抱怨！我覺得我爸真的怎麼樣……」，是因為你已經意識到了你不想要跟你的爸爸媽媽一樣。

所以，在發生事情的當下，如果你是好的應對，就可能會有好的循環、好的結果，這件事情就結束了。

不好的應對，若一直氣，負面能量就會一直不斷的滾動，到後來恐一發不可收拾，就算對方怎麼樣祈求、討饒、認錯，這件事情好像仍會沒完沒了的一直下去，到最後，自己也會一直生氣。

可是，有一種狀況是，當下他生氣、發怒時，他發現自己理虧了、是自己的錯，他立刻在當下收回：「對不起！我真的太衝動了，我個性真的很不好，我脾氣很不好」，認錯、懺悔，這個負面的能量就可以被澆熄，還是會有好的結果。

我們在跟菩薩學習的過程裡，我們所採取的是後面這個做法。

我們人生一直不斷的在犯錯，用了負面能量後，才會知道，不能用負面能量去處理事情。

沒有人天生就會用正面能量去處理事情的，我們通常都是受了苦、受了罪之後，知道行使負面能量的壞結果，才會讓你意識到，不能這樣處理事情。

我們常常聽到有人說：「我年輕的時候年輕氣盛，常常罵人、打人，常常怎麼樣……我以前唸書的時候常去跟人家打架。」他以前唸書的時候受了很多的苦，他現在還會去跟人家打架嗎？他不會！

我們都是在學習，我們的人生其實就是在這個過程當中，從一剛開始很衝動，到後來知道反省，趕快立即收。我們現在其實就是在學習收的過程。

也許，我當下第一時間的情緒很不好，可是後來，我意識到我怎麼這麼兇，我不應該有負面的情緒，不應該有負面的想法，我就立即收了，懺悔了，反省了，還是可以有好結果。

我們的人生在整個過程中只是拉長的，所以我們要懂得怎麼樣把負面情緒收起來，讓好的東西出來。

有人說：「有時候面對狀況，我可能會很直覺的有負面反應，反應完之後，有時候內心會有反省，剛才好像不應該這樣。可是下次面對狀況時，我又這樣。」

有意識、有察覺到，還是很好的。

你有覺察到自己不應該這麼做，那麼，我們下一次就一定要立即做修正，不要這樣對人，不要有這樣子的想法、觀念出現。

有人問：「如果對方有負面情緒，我的情緒在第一時間被他帶動起來，我要怎麼樣轉化成冷靜？」

你意識到他是負面情緒，你就會開始慢慢冷靜。

你就要學習意識到：他是負面情緒，我也跟著他負面情緒了。

你要能夠意識到他是負面情緒，意識到你也是負面情緒，而且你的情緒被他帶著走了，你要能夠意識到這件事情，你的負面情緒才能停止。你要先停止你自己的，然後再進而停止他的。

如果你停止不了他的，你就只能先停止你自己的負面情緒。

鑽牛角尖的陪伴

有人問：「有時我們跟人聊天，他一直朝負面的思想去思考事情。如果我們分享正向思想給他，但他還是在那邊打轉，我們是不是聽他講就好了？」

對！有的人是這樣，他一直不斷地在漩渦裡面打轉，你怎麼樣講，他都會反駁你。你已經舉例了，給他很多正向能量，用愛包圍他了，他還是在自己的圈圈裡面打轉，怎麼辦？陪伴就好！你不要去改變他。

他需要你的時候你都在，他需要講話的時候你就聽，他要你給意見的時候你便給。

例如他問：「你看我會不會跟他復合？」如果你覺得不會你就說不會，你可以提供你自己的意見跟想法，至於他接不接受、改不改變，不管。

你就是陪伴他，陪他在死胡同裡面打轉，轉到有一天他遍體鱗傷，他會清醒的。你的作用不是為了要讓他清醒。

我們這個陪伴，不是為了要讓他清醒，而是讓他知道，他需要我的時候我隨時在。而不是為了來糾正他，像糾察隊一樣告訴他什麼是對的、什麼是錯的，不是！因為我只是陪伴，他需要我的時候，我是一直都在的。

面對很多負能量的人，講到後來你自己也會沒力，為什麼？因為你的正量能量被他吸走了。

你就只能說：「沒關係，我在！你需要我的時候我在。」

適合就是最好的

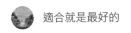

做選擇其實就是一種執行，每一個人都要學習做選擇。

一個人如果不能做選擇的話，他的未來必定很辛苦，這就是我們為什麼要一直訓練某一個人要做選擇的原因，每個人都一定要做選擇。

今天你去吃東西，你一定要選擇你要吃什麼，不可以交給別人做選擇，這對你來講，是一種訓練。

藉由這些選擇，你才能知道你要或不要，你知道什麼是適合你的，什麼是不適合你的，你可以有所選擇，這是人生很好的一件事情。

菩薩說，能做選擇的人，是一個幸福的人。

不要不做選擇，不要丟給別人去幫你做選擇，一定要自己做。因為你是有思考能力的人，你知道這件事情是否關係重大，你知道這件事情會不會對你有影響。

你請別人做選擇，別人會做他自己的選擇，但這個選擇未必是適合你的，因為是別人喜歡的，所以你就不能說：「你幫我做選擇，是我不想要的！」

有時候人家幫你代買東西：「我覺得這個顏色比較適合你！」你會說：「哪有適合我？我不喜歡這個顏色！」你就會發現，真的不適合你自己。

所以做選擇的時候，請都做適合自己的選擇，因為你知道什麼是對你最好的，才會知道利益的大小，才會知道這個關係重不重大。

做選擇，其實是選擇對自己最好的。對自己好的，我們也才會做出選擇。

學習接受帶來好命

我們有時候會害怕不好的事情發生。你所擔心、害怕的事情，有些事情會發生，有些事情不會發生。

有時候，害怕、擔心的事情，在你想完之後，總會發生的，在你擔心害怕之後，它還是發生了。

而有的狀況是，你擔心害怕之後，這些事情根本就不會發生。

你擔心的這件事情萬一發生了，會怎麼樣？

就是要學習接受、學習面對、學習瞭解，不做任何抗拒。

所以，回到前面就是，你根本不要擔心這件事情會不會發生，人生就是學習接受當下，發生了就發生了，沒發生就沒發生，不要杞人憂天。

不要在沒發生事情的時候，就開始擔心這件事情會發生。

「我怕他不愛我了！」你就一直害怕，持續讓不安的情緒纏繞著你，這害怕的信念會引來他真的有一天不愛你了。

所以，不要再去想不會發生的事情，不要去擔心不會發生的事情，不要去擔心那些會讓你害怕的事情，不要去想，因為你的心念會引來不好的事情發生。

學習好心態

●比較心

人跟人之間的相處，不要總是想著試探別人，試探別人的底線，試探別人的能力，試探他是一個怎麼樣的人。

有的人不相信這世界上有天生就很善良的人、天生有很好的人，他會不斷的去測試別人、試探別人，然後就想：「怎麼可能會有人這麼好？哪有可能？一定其中有詐。」

有些時候，有人是不相信這世界上有好人、會有好事情發生，或是有人真的是這樣的。

建議大家不要去當一個總是想要試探別人的人，不要去當一個愛攻擊別人的人，我們要學習不試探、不攻擊。

為什麼要攻擊？攻擊的原因是因為你要試探這個人真的是這樣子嗎？你攻擊他之後，看他的反應，看他是不是真的像他所說的那樣。

有時候，人會有一些劣根性，不斷的想要去試探別人，不斷的想要去攻擊別人，不斷的想要跟別人比較。

為什麼要比較？「因為我想要知道我跟別人是不是不一樣，你是不是對別人比較好？」所以他會去做比較。

發生了一件事情，他就會想：「我跟另外一個朋友，你會對誰比較好？」就開始做比較了。

這種事情很容易發生在你出國去玩的時候，你有很多眾家姊妹，你買了禮物給其中的兩個，其他姊妹沒有怎麼辦？

另外的姊妹可能就開始想：「為什麼有買給她，沒有買給我？這樣會不會很不公平？」比較了就會有痛苦。

就像以前我出去玩，回來都會送給姊妹淘禮物，每個人的樣式不同，我自己覺得誰適合哪一款，我就買了，每個人都有，但有的人就會比較：「我覺得你的比較漂亮。」

上次我去馬爾地夫，回來送朋友磁鐵，有的人就說：「為什麼他的有動物圖案，我的沒動物圖案？」我真的也很難決定誰有動物圖案、誰沒動物圖案。

上次去希臘，回來送朋友海綿，也有人說：「為什麼他的是大的，我的是小的？」為什麼我送給男生的是大的海綿？因為我覺得他可能拿來洗身體，你是女生比較會保養，我覺得你適合拿小海綿來洗臉。

有沒有發現，會講這些話的，其實都是比較心較重的人。

我們要做的一件事情，就是不要成為一個愛比較的人，因為愛比較、愛計較，其實不會讓別人覺得痛苦，而是讓你自己覺得不舒服，所以不要去當個愛比較的人。

當然，每個人可能都希望跟別人是不一樣的、跟別人是不同的，希望是優於別人的，可是，當你產生比較心的時候，你就產生痛苦了。

所以，是你自己創造了痛苦的來源，不是別人給予你的。

一定要記得，當比較心出現時，是自己會感覺到痛苦，別人是沒有感覺的。所以不要再說別人讓你痛苦的話了，這個愛比較的心念、想法，是讓你自己的心念痛苦的根源，不是別人。

比較心是天生的，我們所有的心態都是天生的。不管你是天生愛比較，或是天生就不愛計較的人，都必須要學習不計較。透過學習，讓大家都輕鬆、都快樂。不要在意那麼多，其實，就不會有那麼多的痛苦出現。

●分別心

有人問：「我們遇到朋友、不認識的人，會用不同做法去對待。要怎樣不起分別心？」

你對待陌生人，你本來就會有對待陌生人的模式，你不會把對待好朋友的模式用到這個人身上。這個不是分別心，這是你知道可以用什麼樣的模式對待他。

如果今天是一個陌生人，你忽然用好朋友的方式對待他，他也會嚇死吧！

什麼叫做對應？我該用什麼樣的方式對待別人，就用什麼樣的方式對待別人。

這不算分別心，因為他又不歸類成你的好朋友，他連朋友都不算是，你為什麼要用好朋友的模式去對待他？

在你的好朋友裡面，你有分別心，這才叫做分別心。

就像爸爸媽媽是長輩，你不會用對待晚輩的態度跟他們講話，這個層級還是要有所分別的，長幼要有序，你還是要有所分別。

你對待陌生人是用對待陌生人的模式，好朋友有好朋友的模式，長輩要有長輩的模式。

你對待晚輩，你會要求晚輩對你要有禮貌，這是應該要有的模式。

但是，你不會要求你的平輩看到你要有禮貌，你不會要求你的好朋友講話都要跟晚輩一樣要對你有禮貌。

分別心的定義，不能用在這裡。

還有人問：「有時候，我們對某些朋友可能完全不計較。但是對有些朋友，因為交情可能沒那麼好，我們就會顯得比較計較。這是分別心嗎？」

要別人尊重你之前，你就要先學習尊重別人。這個本來就是可以有所不同的。

我知道他跟我交情沒那麼好，我只能用他跟我交情沒那麼好的模式對待他。這不叫分別心。

他跟我之間，我就只想這樣跟他交往，只想要這種淡淡的泛泛之交而已，我並不想要深入瞭解他。

這是我的選擇，那並不代表我討厭他，是因為我知道他跟我本來就不適合當很好的朋友，他跟我本來就是泛泛之交，不代表我有分別心，是因為我很瞭解我自己沒辦法跟這樣的人相處，所以我知道保持距離是對的，這是不一樣的。

你有沒有分別心，你自己知道。

譬如你有兩個小孩，你對其中一個小孩比較好，對另一個小孩比較大聲，你自己會知道。這就是分別。

有時候人是會做選擇的，我跟他可以不要計較，我跟你就會計較，因為我跟你交情沒那麼深，這就是人在做選擇。這個時候自己有沒有起比較心？有！因為他個性跟我比較相像，我跟他不計較，所以沒關係。但我覺得跟你不太合，我跟你就是比較的心態，我會跟你算得很清楚，這就是一種比較心態。

●嫉妒心

前面我們講到了幾個心態，不要有試探他人的心理，不要有攻擊的心理，不要有比較的心態。

再來，就是不要去找人家麻煩，不要刻意的想要去找別人麻煩，想要讓別人出糗、讓別人難看，這種都是不應該有的。

另外還有一點，不要見不得別人好。

見不得別人好，看到人家有功成名就的時候，看到人家很好，看到人家很幸福，你的心靈就會滋生一種嫉妒人家的心理。

這種見不得人好的人，就會想要去攻擊別人，就會想要去試探別人，他會看看對方會有怎樣的結果，其實都是不好的。

這些可能都是天生的個性，是天生可能會有的想法。

我們都要想辦法盡量的學習不要去試探，學習不要去攻擊，學習不要常常比較，學習不要去找麻煩，不要有見不得人好的心態，這些都是我們在學習過程當中可以壓抑自己、學習不要這麼做的。

學習不要這麼做，久了之後，你就自然不會這麼做了。

同 伴

人生活當中一定要有同伴，有同伴是一件很重要的事情。

你可以有一起學習的夥伴；一起去做善事的夥伴；有心靈的伴；可以跟你講一講心事，一起瞭解彼此、一起共同成長的伴。

你可以有一個說話的伴，他可以跟你一起說話的，他很愛說話，也很愛聽你說話，他可以是跟你說很久都沒有關係的這種伴。

你也可以有一個跟你一起做事情的伴，不管做任何事，也許去逛街，也許去幫助別人，也許帶你去辦事，也許幫你做事的這種伴。

這個做事的伴，他可以幫你做事，你也可以幫他做事，他可以一直不斷的照顧你，但他還是很開心。

你要有很多這種伴，這種伴就是無怨無悔的陪伴，這種伴可能有不同的角色，你的生命中一定要找到幾個可以跟你一起分享的伴。

有沒有一種叫做吃飯的伴？有！你吃飯就是會找他。這只是酒肉朋友嗎？也很好，但是真的不單單是酒肉朋友。

為什麼你吃東西一定要找他？因為他一定知道有很棒的地方。

有人問：「如果找不到伴？或者沒有人要當我的伴？」那麼就跟自己為伴。

我也常常吃飯找不到伴，因為大家都不吃，都想要減肥，因此就很難找到伴。

「如果聊天也找不到伴？」那麼就跟自己聊天。

我們剛剛講的是，你的人生當中一定要有幾個這樣的伴。

你如果現在沒有，你就要想辦法去找看看。

萬一真的找不到，也沒有關係。我們只是說，有這樣的伴，很好！

如果我真的很想要照菩薩講的，真的想要有這些心靈的伴、吃飯的伴、做事情的伴、講心事的伴、可以說話的伴，我真的很希望有這些伴的出現，怎麼辦？修正自己的個性，讓自己成為一個很好的伴，讓別人可以來做選擇。

如果真的很想要有這樣的伴，你要試著去尋找，試著調整自己。

這個伴是不會生氣的，不會說我真的要找你的時候你沒空。

這個伴還要很貼心、能夠理解別人的，因為不是每個人都有空可以陪你做這些事情。

今天就算他不行，也沒關係，你最後還是要回歸到自己身上。

這個「伴」字，為什麼是一個「人」，加一個一半的「半」？

當你跟這個人在一起的時候，你有一半不是你自己，因為你有一半是要融入在對方身上的，你要能夠同理對方的。所以，你要放掉自己的一半，你才能夠跟別人的一半相處。

我跟你是同伴，我們兩個是一半，就是同伴，我放掉自己的一半，你也放掉自己的一半，我們兩個才能完整，才能在一起。

如果我也堅持我這個人，你也堅持你這個人，其實是很難搭在一起的。

學習深呼吸

有人問：「當人受到外在環境衝擊時，會有一股無形力量深深影響自己的情緒，久久不散，明知該儘快放下，卻依然擺脫不掉，這是為何？有無方法去除那種負面能量？」

這個就是受執念控制的人。

受執念控制的人，一定要把這股力量發洩出來，他才會平穩。有時候，體內就是會有這樣衝擊的情緒。

假設今天，你遇到一件事情，你忽然間很暴怒，你明明知道現在生氣無濟於事，可是你就是想生氣，你就是想罵人，因為體內有一股不平衡的氣，你就是想要把它發洩出來。

你明明知道不可以這樣，但是，你就是沒有辦法控制你自己。

有無方法去除那種負面能量?就是呼吸。

人一定會有憤怒的時候,在面對任何問題、困難的時候,在憤怒的當下,一定要學習深呼吸,深呼吸會讓你的氣能夠平順。

菩薩有提到,當你憤怒、想要出口罵人的時候,深呼吸真的很重要。因為當你要出口罵人的時候,你把這份力量拿來呼吸,就會減少罵人的機會。

所以,當你在憤怒的當下,一定要學習深呼吸。

為什麼我們常常說:「生氣的時候要深呼吸」?這是要讓那體內的氣能夠達到平衡,讓它出去一點、回來一些。

如果你一定要罵人,罵人就是氣,你就換作呼吸。當你專注在讓自己呼氣、吸氣時,你就會讓氣平衡,你會告訴自己不要去罵人。把專注力放在呼吸上,就會把氣收回來了。這就是一種強迫自己要控制的方法。

學習說出自己的想法

人一定要學習說話。學習說出自己的想法，說出自己的需求，說出自己想被重視的感覺，你都要說出來。因為你想被重視，你不說出來，別人不會知道。所以，你可以把你的需求告訴對方，可以把你想要做的事情告訴對方。說，需要練習。你不說，別人不會知道。所以，人一定要試著把自己內心的想法說出來。

什麼時候要說？

你有要求的時候，要懂得說。

你想要求對方幫你做些什麼，你有需要的時候，你要說。

你想要被瞭解的時候，你一定要說。因為你說了之後，才能被瞭解。

你想要瞭解別人的時候，你也需要說話。因為你需要詢問對方，你才能瞭解。

你需要被瞭解的時候，你也需要透由說話來讓你自己能夠被別人理解。求得知識，想要擁有求知的精神，也要懂得說。要開口問話，你才能夠知道，所以說很重要。

你有什麼樣的需求，你現在想要有什麼樣的改變，你也需要說，因為說，才能讓你自己有所改變。

說出來，也是給自己一個方向跟警惕。

譬如我說：「我現在要開始減肥了」，說出來讓大家都知道，大家會幫你警惕。你說出來，有一個目標，知道要怎麼做，大家會幫你努力達成。

說和表達是一件很重要的事情，可以讓別人理解你，讓別人知道你在做什麼，也能夠確實的知道你的需求。所以，說很重要。

你的喜怒哀樂也可以試著說出來：「我今天超高興的」、「我今天很生氣，你不要跟我講話，我想要靜一靜」。

你說出來了，別人是不是就不會誤踩地雷了？試著表達你的想法，說出來，真的很重要。

說，其實是讓別人理解你，讓別人瞭解你，讓別人學習怎麼樣跟你相處。所以，說和表達你自己，很重要。

「我就不喜歡這樣啊！我不喜歡人家這樣。我不喜歡遇到這樣的事情。」說出來，能夠讓別人知道，下次，別人就會知道要怎麼樣對待你。

你的白飯就是不要淋醬汁，你說過，他就記得了。

你不吃鳳梨，你會頭暈、過敏，你說出來，他就知道你不能吃。

你不能看見有眼睛的魚，你說了他就知道了，他知道你只能叫魚片吃，不可以讓你看見魚眼睛。

是不是說了，會讓別人跟你比較好相處？

你如果說：「我是一個需要被人家尊重的人，我很需要被需要，我希望你什麼事情都可以找我。」你講了，別人就會知道，以後什麼事情都可以找你，也很好。

告訴你勇敢之後你會得到甜頭，你就會去勇敢，你會很努力的、想辦法讓自己勇敢。

我們就要像小孩學習，想辦法讓自己很勇敢，最後會得到甜美的果實。

小朋友也會身體不舒服，他會直接講；肚子很餓，他會直接說；他不喜歡你，也會直接講，或躲在媽媽身後；心情不好，他會用很直接的方式表現，哭泣、憤怒或跳腳。

為什麼要像小孩學習？

你不喜歡的人，你本來就可以學習減少接觸，不是嗎？

我們是大人了，我們在學小孩子的過程當中，可以有智慧的做一些選擇。可以選擇痛苦或選擇快樂，都是自己做的選擇。

小孩的想法非常的單純，他在做一件事情的時候，沒想那麼多，所以他常常受傷，但他受傷之後，會再努力的站起來。

有的時候，我們要學習像小孩一樣，沒想那麼多，就去做選擇；沒想那麼多，就去做嘗試。

讓自己的身心靈都充滿著好奇心，帶著好奇心去做學習。不管會學到什麼，充滿好奇心的背後，一定會學到適合你自己的東西。

人沒想那麼多，是好事，因為不用想那麼多。

想了太多，反而會侷限了自己勇於嘗試的精神與作為。

沒想那麼多的時候，是好的！

想太多，就會不做，因為你會覺得：「有危險、不會成功，幹嘛去做！」

所以想太多，反而不做。想很多，反而不敢做。

想了很多，反而越想越多，條件越來越多，阻礙越來越多，反而會覺得自己不能做，就不做了，就放棄了。

小孩子不是這樣的，會覺得「去做就對啦！沒有就沒有啊！」

你做了之後，才會知道結果是什麼。

你不做，永遠不會知道結果是什麼。

學習放心

現在開始，我們要學習著不要讓你的心靈裡殘留痛苦的記憶或殘留陰影。

有些人會說：「我成長的過程當中，有很多傷害我的陰影、傷害我的成長記錄。」不要讓你的心裡面殘留這些。

希望你留下來的都是美好的，要放過你自己。不要讓過去成長的陰影一直殘留在你的心裡面，繼續傷害著你、備註著提醒你自己。

提醒是好的，你曾經遭遇過這樣的傷痛，提醒你不要再遭受到這樣的傷痛，這是可以的，但不要一直讓那個陰影出現來警惕你、讓你自己傷心難過。

人一定要先學會放心了之後，才能懂得放下，才能懂得放手。

你的心一定要安放在安定的位置，一定要先懂得安心了之後，才能懂得放心。因為你的心放在了最重要的位子，放在了安好的位子，所以你能放心了。

當你能夠放心的時候，知道怎麼樣控制自己的心，知道怎麼樣安放自己的心，知道怎麼樣照顧自己的心，你才能夠懂得放下，才能懂得放手，因為你知道有些事情是不得不放手的，也不得不前進的。

●放下執著

有人反問：「若一無所有，連個家都無，餓的時候看著空鍋空碗不知怎麼辦，欲哭無淚，如何放！」

鍋子裡面沒米、沒東西吃的時候，那個時候不是放手、放下的時候，那個時候是你要趕快去努力的時候。

放手、放下，是指人對某些事情的執著。

你都沒有先把自己生理需求顧好，在那邊哀怨是沒用的。你應該要放下這個問題，趕快去找飯吃，趕快去工作，趕快讓自己有米飯吃，這才是真的。

不是拿一套理論來告訴自己什麼都可以不用做：「我沒有工作，我就放手啊！」不對了！放手、放下不是用在這裡的。

菩薩之前也有提到心理學家 Maslow 的需求層次論，每一個人都應該要把自己的生理需求顧好。

如果你工作不穩定，吃飯沒吃飽，你敢來參加座談會嗎？應該不敢吧！先去賺錢，先去溫飽家人三餐，才是最基本的，你來參加座談會幹什麼！

以前有一個人沒工作、找不到工作，每次都來參加座談會，我每次都趕他，我說：「你有工作的時候，你再來參加座談會。」

人是這樣的，你的生理需求沒有被滿足，你沒有辦法讓自己生活溫飽的時候，你就沒有辦法往上追求你的心靈安定，因為你會被這些事情打垮。

每一個人都要把自己的生活顧好，才能夠有空閒去當志工、有時間可以去幫忙別人、可以去追求更高的心靈層次。

你若沒有工作，你沒辦法，你必須先溫飽，這是人很重要的基本觀念，也是真的很基本要做的事。

不要覺得自己很不幸

不要覺得自己是不幸的，不要覺得自己身處困境。

不要覺得自己總是不幸、覺得不幸福、覺得好運都不會降臨在自己身上，不要總覺得自己現在身處困境當中。

你要想到的是：現在的我正在經歷一個考驗，我若通過這一關，我就會脫胎換骨，我會變得更不一樣，我會學習到更多，我會變得更成熟、更穩重。

你處的任何一個環境，其實都是為了訓練你，讓你更加的堅強、更加的茁壯。所以，不要覺得自己身處困境，你一定可以突破這個難關的。

如果你真的遇到了困境，你要告訴自己：我現在正在學習的階段，而不是身處困境的階段，我現在正在學習。

不要有太多不當的期待去期待這個結果是完美的，做了就對了。

不用去期待結果是完美的，因為你知道，人生一定要做了之後才會知道結果。

用修正的心態就是：隨時讓自己準備好！

什麼叫做隨時讓自己準備好？準備好我要接受這份工作了，準備好我要結婚了，準備好所有的事情，也就是說，你的狀態都是準備好的。

你是一個準備好要工作的人了，所以，你的生活作息要調整，體力也是在準備好的狀態，你已經準備好要去找到一份很好的工作了，你的信念告訴你，你已經準備好了，你接下來要去做的事情，就一定會成功。

求桃花的人怎麼辦？你一定要準備好，你是一個已經準備好可以進入婚姻的人了，將自己準備好，你才會找到你的另外一半。

因為你已經準備好了，你就不會在經歷這些事情的時候感到挫折。

因為你準備好了，這個準備好，也包含了：「我已經準備好要經歷挫折與挑戰了，我已經知道，接下來一定會遇到這些問題，我都準備好會遇到這些問題了，不管結果是美好或不好的，我都準備好了」，當你有準備好了的心態，你的信念就會帶領你走向更美好的結果。

所以，相信還是非常重要的，信念還是非常重要的。

不管如何，請你準備好即將要幸福了。

不管如何，請你準備好你即將成為一個非常幸運的人了。

請你告訴自己：我已經準備好了！我已經準備好面對對方會怎麼對待我了，我都準備好了。

就算對方對我的態度很惡劣，對方對我是很比較心的，我都準備好了，因為我已經知道他會這樣對我了，我已經能夠接受了，我都準備好了。

這個也用在我們已經準備好隨時可以跟菩薩回家的狀態。你都準備好了，你的頭頂骨就會打開了。

有人問：「準備好隨時可以跟著菩薩回家，是時刻抱著無常觀嗎？」

除了無常觀，還要能夠接受。如果當下現在我就要走的話，我隨時也可以走，沒有什麼罣礙：「可是我還沒有……。」

你都已經準備好了，你要接受可以或不可以，這些都可能會出現在你的生命當中；完美跟不完美，都會出現在你的生命當中。你若都可以接受，這就是你準備好了。

準備好了的心態是：即便你不想要這件事情發生，就算結果不如你的預期，你都還能接受它，表示你真的準備好了。

有一位朋友，醫生說他爸爸肺塌陷，很容易呼吸中止、中斷。

他每天睡覺前都會有一種恐懼，他很害怕他醒來的時候，爸爸可能在睡夢中離開了。

他每天在睡覺前都告訴自己：「沒關係！如果爸爸現在在睡夢中過世的話，我要覺得很放心，我要覺得很開心。我不要擔心他來不及跟我交代事情，因為他也沒什麼事情要跟我交代。如果爸爸在睡夢中走了，沒關係，這對爸爸來講，是一件非常好的事情，我要很開心、很快樂，我相信他都會很好。」

他每天去看爸爸的時候，每天都好像跟爸爸做最後的道別：「爸爸，我很愛你。」

就是這樣，要接受，有很多東西要準備好。

準備好了之後，你才能夠去面對自己的未來。

心靈成長

圓

我們要上一堂圓的課程。

一個點從起點，它必須經歷什麼，它才能夠回到原來的那個原點？

這個點是我的出發點，我出發的點是一個點，這個點可以是任何點，可以是任何原因而讓我出發，所以這象徵著每一個人都有一個初發心、初衷去做一件事情。

走了一圈之後，又回到原來的點，為什麼要回來？

我從這一個點出去，我可以是走直線，我可以走這邊、走那邊，我也可以走任何一個面向，我可以有不同的經歷。

那麼，我為什麼要畫一個圓回到原來的點？

你有自由選擇權，你的人生意志是非常堅定的，你可以有自己想要做什麼就做什麼的想法，任何人都不能控制你，也沒有理由要控制你，上天不能，誰都不能，你自己可以選擇控制自己，不要怪上天，也不要認為是上天在控制你，不管做什麼，其實都是你自己。

為什麼你要畫一個圓回來？是什麼力量讓你變成一個圓回來？是什麼導致你會完成一個圓再回來原來的點？

為什麼是走一個圓？為什麼會形成一個圓？是因為我知道，我想走一個圓，所以我走的每一步，我都非常清楚知道我下一步該做什麼。

圓是一個圓弧，我知道這個地方該轉彎、該走幾度，我一定會回到原來的地方。

會形成一個圓，是因為我想，是因為我知道我的路是這個。

我也可以成為一條直線，我也可以成為一個三角形，圓形只是一個代表而已。

我在當下知道我的路就是這條路，也就是說，從這個出發點出去，我知道我想要讓它走成一個圓，是因為我想，也知道那是我唯一的路，所以在當下的每一步，我都非常謹慎地控制我自己走一個圓，我有自我約束，我有自我期許，我有自我目標，所以，可以讓我的人生形成一個圓。

出發後又會回到原點，是因為我在一開始的時候，就告訴我自己：不能偏離軌道，因為我有初發心，我有初衷，所以就算我在外面繞了一圈，我都知道自己的規範是什麼，我務必回到原點，因為勿忘初衷。

今天，不管你在外面經歷了什麼，你都會知道：我最後應該要回到原來的那個點，因為這是我必經的過程。

所以這也象徵著：就算在出發後的過程中，我遇到了很多困難、挫折，甚至於很多卑劣、委屈的事情，我都知道，那是我的必經之路，是我必須承受的，也是我必須成長的。

所以，你就不會有任何的抱怨，因為這條路是你自己控制的，是你自己要走的，你知道，一定要在這裡轉個彎回到原點的，你不能不回到原點。

因為你的人生就是個圓，你必須回到原點，因為你必須堅持很多事情，由剛開始的出發點回來檢視你自己，這就形成這個圓了。

所以，不單單只是因為要堅持你的初衷，而是要讓你認知到：你現在所做的一切，所經歷的一切，是因為你開心地去承受，帶著歡喜心去接受，而且願意認真地學習這些經驗，並累積成智慧。

這個認知是：這是我必經的過程，就算遭受到苦痛，也是我自己該控制的，所以，我沒有任何怨尤地走在這個圓圈上。

你會看見有很多人的原生家庭是：「我為什麼遇見了這樣的爸爸媽媽？」沒有答案！

「為什麼上天安排這樣的爸爸媽媽給我？」沒有答案！因為沒得選擇。

沒得選擇，就是你走在這個軌道上的原因。

你會發現，很多事情其實都沒得選擇。

可是，菩薩不是告訴我們人生是自己選擇的嗎？人生是自己去爭取的？

是啊！你在那個當下，為什麼會做那樣的選擇？那個選擇其實就是在當下最適合你的選擇。

經過二十年、三十年後，你再回頭來看：「為什麼我當下做出那個選擇？」因為在那個當下，你不得已一定要做那個選擇，那個選擇是最適合你的。

你說：「那麼，我們的人生不就是被操控了嗎？我們做的任何選擇，其實在當下是沒有意識的？」

你做的每一個選擇，在當下都衡量了你的智慧、你的個性、你的態度，所以，你才會做出那個選擇。那個選擇未必在二十年後是適合你的，但那個選擇在那個當下是非常適合你的，而且貼近你的感受。

如果不讓你做那個選擇，你會不甘心，所以你必須去經歷它。

就算它是再殘酷的撕裂傷，你都必須去經過那樣的路，認識那樣的人，對應說出那樣的話，受過那樣的對待，未來的你才能知道：原來這世界上，可能有跟他不同的人事物對應，原來，這世界上有另外一種人是不會這樣對待別人的，這世界上有的人是很慈悲的。因為你當時沒遇過，所以當時的你不知道。

我們都必須在圓的另一頭，對應每一段付出的感受。

你所經歷的每一件事情，都對應到另外一個你，這會在未來的那個時間點看到。

我走到這個時間點，會對應到我原來的那個選擇；我在這個時間點，我會對應到二十年前的我，也就是過去的那個他，然後我會知道，原來我是疼惜他的，他當時好勇敢喔，當時的我好勇敢！

其實，你會回到這個圓的原點，是為了讓你對應未來的那個你可以更好，發現了未來的那個你原來這麼勇敢。

不要忘記，每一個人活到現在，都竭盡所能、用盡力氣，很勇敢、很努力地活到了現在。

我們都花了很多的力量，很多的精神，讓我們自己很努力地撐到了現在、活到了現在，這一段過程都不容易。

你去想一想，過去的你曾經遭受到的一件很悲慘的事情，你都不知道你自己是怎麼過來的，很可怕！

如果現在再讓你回去想你所認知最可怕的那件事情，或人生當中對你造成最大傷害的那件事情，你可能會想到：「當時的我是怎麼過來的？我現在再去回想，我覺得好可怕！」

你知道你是怎麼過來的嗎？因為你在當時，用盡了所有的力氣，只為了可以活下去。

功課

●學會更勇敢

請你做一個功課。

現在，你的人生可能三十歲、四十歲、五十歲、六十歲，在現在這個點上，你可能因為你接觸了菩薩，你有很多事情知道要感恩，要檢視自己，要重新用另外一個角度去看你自己的人生。

在回頭看的時候，你可能有很多機會可以重新來過，但實際上，人生是回不到過去的。

現在，你去回想一件曾經發生但最不能接受的事情，要用現在的你，回去看當下那件事情、那個你。用一個局外人的角度去看看他，看當時的那個他。

舉例來說，我現在回去看二十歲的那個黃子容，他經歷了那樣的事情，我去安慰當時的黃子容，我要怎麼跟當時的黃子容說？我要怎麼安慰他？

用現在的你去看曾經受傷的那個他，你會跟他說什麼？

你可能會跟他說：「你哪來的勇氣可以這樣撐下去？」

然後你可能會反問他：「你是怎麼活過來的？你當下是怎麼經歷的？」

用局外人的角度去看那個曾經過去的你，然後把它說給菩薩聽，在心裡面說給菩薩聽。

這些過程，也許只有你跟菩薩知道，因為有一些年輕不懂事，曾做過不好的事情，也做出錯誤的決定，這些你都可以跟菩薩分享，跟菩薩講。

如果你怕你自己不知道怎麼講，你可以把重點記錄在紙上，等你冷靜下來的時候，再慢慢地跟菩薩講述當時的那個他，你看到的那個他，你看到的那個你，當時經歷了什麼，在你用現在這個角度去看他的時候。

當你們在跟過去的自己說話的同時，你們應該會發現，你過去的害怕跟過去的恐懼，其實都來自一個原因，就是害怕被遺棄了。

你現在回去看看你，跟過去的自己說說話，你疼惜著過去的那個自己，那是因為過去的那個你，他害怕被遺棄，害怕被遺忘，害怕被放棄，所以你很擔心、很害怕、很恐懼，你很捨不得。

最主要的原因是因為你擔心不被愛了，不再被需要了。

當你不再被愛、不再被需要的時候，你不知道你的價值在哪裡，所以你害怕了，你恐懼了，你慌了。

現在的你會知道，當時的你多麼需要被愛、被肯定，不想要被遺棄、被放下，甚至於不想要被不在乎。

因為被不在乎、被遺棄，這對你來講，是一種傷害。

過去的你，很害怕那個被遺棄再次出現，所以你很拼命地展現你的生命力，很勇敢地活下去，很勇敢地支撐你自己，讓自己熬過那個階段。

所以菩薩才會說，每一個人會活到現在，都竭盡所能、用盡力氣了，非常用力、勇敢地呼吸，努力地讓自己活到了現在。

你活到現在，是因為你花了很多的力氣，很用力地活著。那個用力地活著，不是一般人能夠瞭解的，也不是旁人能夠瞭解的，只有你自己在經歷的那個當下，才能知道自己活著時有多用力，多用力地把每一份苦痛都呼吸進去，然後讓你成就到了現在。

也許現在還不夠完美，也許現在還不是一個終點，也許到現在，都還沒有完成一個圓，但你一定會認知到，你很努力地走在這個圓的路上，你知道該盡的責任，該遭受到的待遇，該面對的事情，一切都不會逃避。

你走在這個圓上，你知道回到那個終點，就等於回到菩薩身邊，找到回家的路，找到回家的方向。

也只有你一直不斷地在控制這個圓必須回到原點，你才知道，有些事情是可以做，有些事情是不能做的，你自己會有所謂的規範，所謂的限制。

因為這樣的圓，促使了你自己必須更加地堅定方向，更加地成熟圓融，更加地清楚你所經歷的每一刻，然後更加心甘情願地走在圓的軌道上。

每一個選擇，也許都是一個煎熬，都讓人難以取捨，但你非常清楚地知道，這是必經的過程。

當你知道這是必須經歷的過程，人就會接受，而減少抱怨，減少怨懟，減少紛爭，減少恨。

當你的人生不再有這些時，當下你就能夠擁有更多的慈悲，站在別人的角度看事情，能更和緩地給別人空間，更持續地給自己努力的時間，並能延續你強盛的生命力，讓你自己學會更勇敢。

●現在擁有最多的是什麼？

現在，我們要做一個功課。看一看現在的自己，不用再回到過去二十年前或十幾年前的你，現在看你自己，你覺得在你身上，現在擁有最多的是什麼？

你現在擁有最多的是什麼？也許是時間？也許是錢？也許是朋友？也許是愛？是慈悲？也許，你現在擁有最多的是忙碌？是惱人的煩惱？

你現在擁有最多的，它未必是不好，未必是好，沒有關係，都把它寫出來。

你當然有很多憂愁、時間、忙碌……，若只能選擇一樣的話，你覺得現在在你身上，最多的是什麼東西？

有人說，現在擁有最多的是愛；有人說，擁有最多的是時間；有人說，擁有最多的是自由；有人說，擁有最多的是擔心；有人說，擁有最多的是調適能力；有人說，擁有最多的是感恩；有人說，擁有最多的是同理心；有人說，擁有最多的是勇敢。

有一位同學說：「我現在擁有最多的是接受。面對現在的工作和家人生病的課題，要去接受很多的事情。」

他現在面對的狀況，是一直不斷地在學習接受，那個球打過去、又打回來之後，你只能再繼續打。

你不回球，那個球還是會繼續打你，它就像一個回力球一樣，迫使你必須反擊，你必須想辦法再打下一球，怎麼辦？你就是知道，它又要來了，再來怎麼辦？

就是要告訴自己，它又來了。平了這個球，下一局又再來了，怎麼辦？

他現在在面臨接受這個課題，是很好的。因為不管你遇到什麼，就是走在那個圓上，每一步都是你必須要接受的點，每一步都是你在當下必須經歷的軌道。你現在必須面對的，就是那個接受，所以接受很重要。

因為你不接受，會讓你的人生產生更多的憤恨，憤恨就會產生更多的插曲。有些事情本來是可以不用發生的，但會因為你不接受，你會想出很多辦法，去抵抗它、反對它。

「我不接受！為什麼這件事情要發生在我身上？」你會去反抗它、抗拒它，你會去推拒，那麼，反差就會更大了，因為會引發一個憤恨事件，強迫你接受為止。

譬如說你現在只是傷到大拇指，結果變成要斷手，你就會想說：「早知道剛剛就傷大拇指就好了，不要傷到斷手。」

人生當中，非得要有一個更大的傷痛，才會讓你忘記原本的那個痛，所以你何必呢？還不如當初就先接受手很痛，以避免斷了手。

當初接受，不就好了嗎？就不會因為憤怒而衍生出其他的事件，反而會很害怕：「現在不管發生什麼，只要人平安沒事就好。」這就是多生出來的。

怎麼辦呢？總有一個方法可以解決。

方法其實很簡單，菩薩也一直給我們方法，不知道你有沒有找到答案？就是懺悔跟感恩。其實，它也是一個通策，一個通達的答案。

你們在遇到任何事情的時候，就算發生再危難、可怕的事情，都可以用懺悔跟感恩來回應。

懺悔，例如我爸爸生病的事情，我懺悔我以前去陪他的時間不夠多。

感恩的心，例如因為我爸爸生病了，而讓我有機會跟時間可以彌補我過去沒有辦法常常回去看他的遺憾，我可以把他留在我身邊，可以天天看他。

我的懺悔跟我的感恩，讓我擁有多一些的時間，可以在他身邊陪伴他，讓我們沒有遺憾。

雖然我每天有流不完的眼淚，但是因為那段時間，我可以每天看到他，我很珍惜，很感恩多了那麼多時間，讓我們可以相聚。

不管發生了任何事情，我們都能夠用懺悔跟感恩去看待這件事情，這才是重點。

希望大家都要想一想，在你經歷了人生這些階段的時候，誰陪著你？你自己。所以，你有沒有發現你自己很勇敢？你自己超勇敢的！

你現在回想一下，你年輕的時候做錯了哪些決定，例如嫁給那個人，你有沒有超勇敢？

我在講我前夫事情的時候，我兒子都會勸我說：「我跟你講，如果你沒有嫁給他的話，怎麼會有我？你跟別人生，可能生不了我。」對！是啊！然後他都會安慰我說：「其實你就只是為了要跟他生我而已。」我覺得也很有道理。

人生當中其實有很多事情，就是要讓你去感恩這個人，然後去懺悔你自己做得不夠多。什麼事情都回歸到自己身上來，這就很重要了。

擁有佛法的人生

●你現在擁有最多的是什麼？有一位同學說：「我現在擁有最多的是佛法。」

好棒喔！其實你會發現，人生當中，如果很多時候是伴隨著佛法，因為有佛法的進入，你不覺得我們人生多了很多的祥和之氣嗎？

然後你會想到：「菩薩在看，我不能生氣。」你真的忍不住發脾氣的時候，你之後還會跟菩薩懺悔：「菩薩，我剛剛不應該這樣。」

如果我們今天沒有佛法，我們不會懂得懺悔，不會懂得跟這個人道歉，不會懂得檢討自己。

就是因為人生進駐了很多佛法，你會珍惜人跟人之間的緣分，會懂得念轉，讓自己保持正向能量，會時時有感恩的心、懺悔的心去檢視自己，這就是佛法很重要的地方。

佛法為什麼對人生這麼重要？為什麼人要早一點認識佛法？

你會發現，如果我們年輕一點、早一點認識佛法的話，你現在的成就應該會更不一樣，有佛法就有方法。

有沒有發現，有些人在處理人生當中困境的時候，他就是一直罵，一直怪別人。然後你就會想：他應該沒認識菩薩。

如果他有認識菩薩的話，他就不會責怪別人了。

當然還是有很多人每天都在恭請菩薩，但他來座談會排不到結緣品的時候，他還是生氣，還是罵工作人員。

所以，有時候修法，到底是修真？還是修假、修表面的？其實很多人都很會做表面功夫。

修佛法，不是拿來用在自己身上而已，還要用在對應別人的時候，那個真正實際交手的狀況，才是真的。

假設週末大型座談會有活動你就來，可是你不曾花一趟時間回去看你的爸爸媽媽，你要想想：「我都有力氣去參加大型座談會，我可以在一、兩個月前就先排假，那麼，為什麼不能一、兩週便找一天回去看我的爸媽？」

有人說回去陪爸媽很無聊？如果真的很無聊，那麼，你就要找事情跟爸媽聊，當然越聊會越無趣，所以要認真地找話題。

你對待每一個人，其實都要真心、願意花時間的，包括對你的另一半，都要花時間跟耐心去經營感情的。

●跟自己內在靈魂說說話

在這個當下，如果不夠安靜，或有很多紛亂的思緒，可能就沒有辦法讓你真正靜下心來，找回之前在人生當中那個傷痛的你。

好好地找一個時間，真的靜下來，恭請菩薩九句，請菩薩幫助你，讓你現在的感覺可以回到過去，然後圓滿它，該哭的哭，其實，哭是一個很好宣洩的點。

你對於過去的那個你，可以有一點疼惜，可以給他多一點愛、多一點鼓勵。

你鼓勵他，那個他就是過去的那個你，可以給你未來很多很好的能量，讓你繼續向前進。

不要小看了這樣的回溯，它可以重振能量、彌補能量，讓現在的你可以更勇敢。

找一個時間，好好地跟自己說說話。

然後，就像菩薩講的，其實，我們每一個人都很怕被遺棄，我們都很怕被遺忘、很怕被放棄。

請你一定要告訴你自己：「我不會離開你，不管怎麼樣，我都會陪著你。你過去都這麼勇敢了，現在我們會更勇敢。我們會擁有更多的智慧，會有更多人陪伴在我們身邊。不要擔心自己不被愛了，因為至少我愛你！」

不管未來你會經歷什麼，你都會愛你自己，至少你是愛過去的你、現在的你，以及未來的你，這很重要！

你如果學不會先愛你自己，更別奢望別人會來愛你。

你要夠愛你自己，因為你好，才有能力幫助別人。

你真的要夠好，才能有更多的能量可以去幫助別人，你做出來的東西會開心，你種出來的花會快樂，你烤出來的餅乾讓人吃了會開心。

過去的那個我們，需要被疼愛，需要被理解，需要被呵護，也就是需要被愛。

因為當下的那個你，在經歷那樣的事情時，可能沒有人可以來愛你。

有些人受傷，是選擇不把傷口揭開來給別人看。

有些人受傷，是選擇默默承受，不見得會告訴別人：「我受傷了！」

有些人受傷了之後，不會告訴別人說：「我的傷口有多痛！你是切開我傷口的人，你必須為這個傷口負責。」他會做這樣的選擇。

現在你走過了，你知道當時的他發生了什麼，也許在當下，他有很多不得已的選擇，你就可以用現在的你的角度去疼惜他，因為你最瞭解他。

用現在的你去瞭解過去的你，去給他很多的愛，告訴他：「你不會被遺棄的，因為我都會在，我會一直陪伴著你，不管是過去的你，現在的你，還是未來的你。」

記得去做這個功課，這樣，你上這個課才會更有意義，才會做一個很完美的結束。

切記！不要在很吵鬧的時候做這件事情，因為會毫無感覺。

請你找一個安靜的地方，安靜的一個人，沒有其他人的時候，靜靜地做這件事情，好好的跟自己說說話。

也許，你可以放你最喜歡的音樂，泡一杯你最喜歡喝的茶、咖啡，然後，靜靜地面對你自己；也許，你可以翻開過去的照片，去看一看過去的你，去瞭解一下。可能你都忘記了，忘記了你曾經歷過的那些細節片段，現在的你再仔細回想：「原來那時候還經歷過這些！這是怎麼過來的？」你會很佩服過去的你。

大家找一個時間，好好地跟過去的自己聊聊，再療癒一下自己。

眼　淚

我現在擁有最多的是眼淚，我每天都在哭，我真的覺得我每天有流不完的眼淚，不管是面對我媽媽，面對我爸爸，面對兄弟姊妹，面對我的小孩，面對我自己，面對菩薩，或是面對我的另外一半，我覺得我有永遠流不完的眼淚，我現在的感覺就是蠟燭不知道幾頭燒、燒不完，變成蠟油的時候還要再拿來燒一次，邊哭的時候還要邊勇敢，還要裝作若無其事，站在別人面前時還要能夠笑，還要能夠上課。

我覺得自己不被當成一個人，變成是一部機器。

我覺得我現在擁有最多的就是眼淚了，我每天都哭不完。

我會覺得：「原來我也會遇到這樣一個問題喔！為什麼？」我每天都在哭，覺得眼淚流不完。

我每天去看我爸，在開門進去的那一刻，我覺得我臉上表情的戲劇張力是很大的，好像在演一齣戲，好讓我爸爸覺得很開心；當我出那個門的時候，整個臉是垮下來的，很憂愁。

我每天都一直在看電話，我很擔心有電話進來，我很害怕半夜有電話響。每次跟爸爸道別說再見、晚安的時候，我都會擔心今天可能是我們最後一次說再見了。

我有跟菩薩講：「我可以接受爸爸在睡夢中往生，但是不要讓他受到任何病痛上的折磨，這是我最大的希望。」

之前，發現他生病的當下，我覺得不能接受，但我現在可以接受菩薩現在把他帶走，都沒關係，只要他沒有任何一點點的病痛。

其實，我最大的恐懼，是我不知道他明天會不會痛？真的會很恐懼、很害怕，因為我不知道他會不會遭受到痛苦。

我爸爸從去年四月份發現肺癌末期，醫生說只剩三到五個月，到往生的時候，他多了將近快一年的生命，我們好感恩他如此的勇敢。

他在沒有痛的情況下，在睡夢中離開，我們都覺得菩薩好照顧他，讓他沒有肺癌病人的痛苦，生病的過程中也沒有不舒服，我很謝謝菩薩一直在關照他。

有人問：「我爸爸也是無意間檢查發現癌末，化療、打嗎啡，兩年多後往生。我在病房恭請菩薩後，他隔天很快就往生了，我覺得非常好，我沒有那個哭的過程。為什麼家裡的人往生，你們每個人都一把鼻涕、一把眼淚哭成這樣子？他如果好好走，這不是很幸福嗎？」

那是因為在當下，你已經在處理最後面的事情了，因為你已經知道他要進入安寧了。快是好事，因為他沒有受苦了。

我們的煎熬跟難過，在於我們不希望他受苦。

我們的恐懼，在於我不能控制他是好還是不好。

有的人很樂觀看待生死，但是每個人的個性不一樣。

你現在會覺得有什麼好哭的？有什麼好害怕？可是你要知道，每一個人與人的情緒、情感的連結是不同的。

這跟每一個人的個性可能有很大的關係，有的人很容易就能夠放手，有的人可能屬於很有智慧、可以很快的就放手。

有些人，對於家人之間的情感連結，是非常強烈的。

為什麼爸媽離開，有的人就得憂鬱症，甚至憂鬱到沒有辦法再出門工作？因為家人之間的連結，可能是他這輩子的所有。

可能他的爸爸媽媽某一個人還在，譬如爸爸走了，媽媽還在，可是他對爸爸的依戀非常深。

菩薩告訴我們要放下，但為什麼我還是經歷了生離死別這種撕裂痛？因為人跟人之間的情感連結真的很不一樣。

有人說：「我對我的親人，我跟他連結也很深啊！可是他走了，我不那麼難過。」

那是你的個性，你的個性可能就是這樣，對於什麼事情都能放下。

可是對於我、對於他，都不一樣。每個人對於連結在自己身上的情感可能都不一樣。失去親人，每一個人都有不一樣的感受。

所以，個性有很大的關係，有些人的感受可能就不一樣。你很幸運的是，也許你可以看開這一切，可是對於某些人，他一輩子都看不開。

例如對於自己的初戀，事情可能已經過去十幾年了，但你永遠都記得，不管你現在再怎麼幸福，你永遠都沒辦法忘記你跟他在一起的時候，也會偶然想起他做了那些傷害你的事情。

有人說：「我不會啊！」你要能夠同理每一個人的個性不一樣。

有人說這些話時，是因為他們本身個性很開朗、很豁達，可以去接受發生在你身上的這些事情，可是，也因為個性，所以不能理解別人為什麼這麼難過？

這就是一個很大的學習課題，學習感同身受他人的苦。

如果有人說：「有什麼好難過的？要學習！」

這件事情因為是發生在他人的身上，你就不能夠用你的想法去看待這件事情，因為那是你的個性，發生在他人身上還是會有不同感受的。

你可以用你的個性分享你的生命態度、你的做法給別人聽，但你不能夠要求每一個人必須學習跟你一樣，因為學不來。

有人說：「這不是可以學習的嗎？」

我們都知道那個道理，可是當真的發生，要去學習時又變得好難好難。

例如，可能這個長輩從小到大都沒愛過你，但為什麼你還是會愛他？他離開，你還是會傷心？是因為在他身上，你這輩子可能都得不到愛，你有一種依戀，也有可能是因為個性。

所以，必須要理解的是，有些人的個性就是禁不起生離死別，這學不來，因為他的個性是與生俱來的。

有時候我們無法用豁達的心情跟態度去講述這件事情，因為會讓心思細膩的人覺得受傷。

就像有人說：「這有什麼？你就讓他走啊！好好的祝福他！」

我們要知道，有人在小時候，爸爸媽媽就已經離開了，直到現在都不能夠忘記父母親離開他時的傷痛。

有人說：「他也太沒成長了吧？」

其實都不能這樣講。

應該要學習的，反而是要去瞭解每一個人的個性都不同，有的人這一輩子為了一件事情，真的看不開，而且可能是非常小的一件事情。

有的人永遠都沒辦法忘記爸爸外遇，跟別人在一起，拋下了自己的媽媽。等他長大了，也許沒事了，爸爸媽媽還是住在一起很恩愛，可是這件事情留在他心裡面，是一個很強烈的陰影，他很害怕，因為他最愛的人曾經做過一件事，他傷害了另外一個他最愛的人，他會想：「未來我的婚姻，我的另外一半有沒有可能也會用這樣的方式傷害我？」他對於愛的不確定性跟不安全感是存在的，這跟每一個人的個性有關。

所以，我們不能用我們的個性與想法去想：「你應該要這樣！你應該要看得開！」這沒有應該。

譬如在跟朋友講這些問題的時候，他有他的痛苦，他把他的痛苦說給你聽，你卻跟他講：「你就這樣嘛！你就那樣嘛！」

那會讓你越來越強勢，越自以為是的認為人就應該要這樣，而缺少了柔軟跟慈悲。

因為你沒有站在他的立場，去融入他的情境，去融入他的個性，去感同身受的想：「他為什麼覺得如此痛苦？」所以，就會少了柔軟的部分。

人不夠柔軟，你的心就很難去觸碰到別人心底最深層的悲傷。

如果你曾經說過：「這有什麼好哭的？這有什麼好難過的？」其實都代表著你可能學過了，你可能很勇敢了，但你忘記了，有人的心是不堪一擊的，有的人經過了幾十年，這個傷痛仍會一直烙印在心裡面，他一輩子都沒有辦法找到原因來療癒。

有人說：「天哪！過了幾十年，你還記得這件事情！人都已經踏進棺材一半了，你還在想這件事情！」對！他沒辦法。

為什麼他要去回想這件事情？是因為他的人生當中就是有這個遺憾在，這個遺憾是再也沒有辦法彌補的。

我們前面有提到，可以用想像的方式，回到過去那個點，重新跟自己談話。但他沒有那個機會，他沒有那個學習的空間，他沒有那個方法，可以靜下來再回去好好地跟過去的自己說話。

今天如果不是因為這堂課，你有時間跟過去的你說話嗎？

你不會靜下心來想到這個部分。

我們今天有機會去做這件事情，也代表著一種學習。未來，當別人在講述他受傷的部分時，我們是不是應該要想到：這世界上每一種人都有，有的人非常地敏感，有的人很脆弱。

我們都會笑說脆弱的人叫玻璃心：「你也太玻璃心！」

但是，我們必須承認，這世界上有太多人玻璃心，包含你跟我都是。

我們心裡面都會有一個點，是不能被別人侵碰的，被別人侵觸之後，我們可能會覺得崩潰。你說我玻璃心嗎？不是！那是我人生當中很大的一個遺憾，很多時候是一個痛苦，很多時候是一個我不堪回首、不願再去想的傷痛，而我再也沒有任何機會，可以再遇到這個人，或是再回到這個時間點，再重新溫習一遍、面對一遍，我不知道我當時是怎麼勇敢走過來的？沒有那個機會，沒有那個時空交錯。

就像有的女生遇到她的初戀，在那麼年輕的情況下，感情被背叛了，現在再讓她遇見他，她可能有很多的話想講，那些話都不是為了要抱怨，可能是一種感謝。

雖然她現在也還沒有另外一半，但她在這個過程裡，知道了就是要對愛情堅貞，就是要對愛專情，而她就是想要找到一個這樣的伴。如果她有另外一半了，她是不是會把過去的事情忘記？不會忘！因為那個傷痛一直都是存在的。

就像我講到了以前我前夫怎麼對待我們時，我還是會激動落淚，是一樣的。

因為那傷痛不會隨著時間消失不見，只會慢慢淡忘，當有一天，你再回憶起時，又會觸動你心裡面那個傷痛。

所以，當你們以後在聽見別人遭遇到什麼的時候，就不要再勸他說：「放下吧！」也不是說：「你就怎樣怎樣……不就好了嗎？」那是你的堅強、你的勇敢，並不代表他。

以後遇到這樣的狀況，我們都需要學習同理，就說：「沒關係！我知道你現在一定很難過。你不要怕！我都在你旁邊，我們一起來想辦法。或者是你覺得我可以用什麼方法來幫助你？」這就是真正的慈悲跟同理心。

菩薩心語

菩薩心語

♥雨過天晴，一切都會過去的

雨過天會晴，一切都會過去的。

不管你現在所經歷的，是心痛、是悲傷、是不捨、是辛苦，請相信，下過雨後的天空，更晴光綻放，天空更清晰，一切都會越來越好。

你所有的努力，都是值得的。而這一切的苦與痛，都會過去。

體會了、經歷了，你會知道，不好的一切都過去了。

現在開始，你即將越來越好，越來越幸福，越來越開心。

再多的困難與挫折，只會讓你越來越勇敢，成就更棒的你。

♥有願就有心

一個人有願，就有心。

有了行，什麼困難就都不怕了。

面對未來，你有菩薩陪著。

喜怒哀樂都是安心的、平靜的，因為你知道，菩薩與你同在。

一個人有心，就有了行。

你有了心，就有行動力了，有了行，什麼困難就都不害怕了。

面對未來，你們有菩薩陪著，所有的喜怒哀樂都是安心的、平靜的，因為你知道，菩薩與你同在，所經歷的一切，菩薩都看著，都跟你一起。

你只要勇敢，你只要等待，很快的，一切都會過去的。

這些都是當下的，都是短暫的，都會過去的，快樂會留在你的人生。

♥訓練自我心念堅定

無論如何，都要當一個善良的人，自我的心念要堅定。

要告訴自己，做什麼事情都要有意志力，要能夠堅定你的心念。

♥改變自我的脾氣，沉著接受他人建議

不要生氣。不管聽到什麼，都不要生氣。

每個人有每個人的決定，每個人都有自己的選擇。

不要聽到他人決定，因覺得他笨而去罵他。

也不要聽到他人做了什麼決定，覺得不應該這樣，而去說他。

每個人都有自己做決定與選擇的權利，接受吧！

每個人做的決定跟選擇，都有他必經的過程與課題，不要生氣。

不要用生氣來代替你很關心他。

關心他人的方式與方法有很多種，用生氣來表示你很關心他，反而讓他難過。

既然關心他、愛他，為何不能好好說。

愛人與關心人的方法有很多種，但如何表現出讓人覺得很溫暖，才是適合他的好方法。

適法因人，譬如說，一年愛班知道恭請菩薩九句，即可與菩薩聯絡，但有些人喜歡道士作法，無須強求，只要他覺得安心就好，無須糾正。

♥想法善，心念善

把別人講的話都往好的地方想，他罵你是因為他很在乎你，希望你好；他諷刺你，是因為他找不到合適的話語告訴你，他只好這樣說，你不需要生氣。

把人家要求你的，都往好的地方想。

♥振作積極，每天開心

所有會讓你沮喪、會讓你不知所措的想法，都讓它振作起來，讓它積極起來，讓自己每天都是開心的。

不生氣、不難過，每天都是開心的。

♥所有的決定都取決於當下的時空環境與人為因素

任何事情的美好，沒有好與不好。

任何事情的決定，沒有對與不對。

所有事情的美好，所有事情的決定，都取決於當下時空環境對應角色，以及人為因素所協調出的美好。

每一個位置，對應著每一個因果。

每一個因果，對應著每一個故事。

也許，我們可以學習放下，如果可以不再執著，很多事情發展到最後，一定會是你想要的。

因為你的念力，讓這些組合重新排列，重新產生好的因緣，重新因為自己不再執著、懂得放下、願意祝福，而讓所有的位置、所有的因果都聚集到最美好的排列組合。

所以，人生未來不需要再問：「我這麼努力，會不會得到好的結果？」

不需要再問：「我這麼堅持，會不會得到美善以及我想要的夢想？」
其實，所有的結果都會因為我的出發點是善的、我的經歷是善的、我想要它是好的，而因此得到善果、好的結果。

♥隨緣

人生當中，有很多的緣分都是來來去去的。
而這些緣分會留在我的身邊，都是因為因緣俱足、好緣而有好運。
當然，離緣之後，緣分聚散了之後，人人都會有心念。
這個心念，有的是好的，有的是不好的。
心念好的，就是給予祝福；心念不好的，就會訴說著他為何離開我。
在這些心念的當下，每一個人都是有所感受、有所領悟的。
有的人會覺得，一段緣分的結束，是遭受了背叛。
有的人會覺得，一段緣分的結束，是因為陪伴你走到了這裡，功成身退了。

所以，如何看待這個緣分的結束，要用什麼樣的角度，也都是因人而異，用人的想法在看待的。

在你身上所展現出來的，有關於人際關係也好，感情當中的分分合合也好，都只是為了要讓你領悟到：人本來就會有自己的喜惡、喜歡跟不喜歡的感受，而決定了自己要不要與他在一起，要不要跟他做朋友，或者是要不要跟他有往來，抑或者是在工作當中，要不要互相幫助，這就是緣分。

在未來的十年裡，你更會體悟到：緣分需要隨緣，不能強求，強求來的緣分未必是好的。

而一定要謹記一件事情，就是：緣分來的時候，合則聚；緣分走的時候，不合則散，都要給予高度的祝福，因為這是展現你高度智慧的重要態度。

國家圖書館出版品預行編目資料

念轉運就轉. 21, 一切都會過去的 / 黃子容著.
-- 初版. -- 新北市 : 光采文化, 2019. 04
面 ; 公分. -- (智在心靈 ; 56)
ISBN 978-986-96944-2-1(平裝)
1. 生命哲學 2. 修身
191.9 108004856

智在心靈 056
念轉運就轉21 一切都會過去的

作　　者　黃子容
主　　編　林姿蓉
封面設計　顏鵬峻
美術編輯　陳鶴心
校　　對　黃子容、林姿蓉
出 版 者　光采文化出版事業有限公司
新北市永和區中正路454巷6-1號1F
電話：(02) 2926-2352
傳真：(02) 2940-3257
http://www.loveclass520.com.tw
法律顧問　鷹騰聯合法律事務所　林鈺雄律師
製版印刷　皇輝彩藝印刷事業有限公司

2019年04月初版

總經銷：大和書報圖書股份有限公司
地　址：新北市新莊區五工五路二號
電　話：(02) 8990-2588
傳　真：(02) 2290-1658

定價 300 元
ISBN 978-986-96944-2-1
Printed in Taiwan

luminosity

luminosity luminosity luminosity
luminosity luminosity luminosity luminosity
luminosity luminosity luminosity luminosity
luminosity luminosity luminosity luminosity
luminosity luminosity luminosity luminosity
luminosity luminosity luminosity luminosity
luminosity luminosity luminosity luminosity
luminosity luminosity luminosity luminosity

luminosity luminosity luminosity luminosity
luminosity luminosity luminosity luminosity
luminosity luminosity luminosity luminosity
luminosity luminosity luminosity luminosity
luminosity luminosity luminosity luminosity
luminosity luminosity luminosity luminosity
luminosity luminosity luminosity luminosity

luminosity luminosity luminosity
luminosity luminosity luminosity luminosity
luminosity luminosity luminosity luminosity
luminosity luminosity luminosity luminosity
luminosity luminosity luminosity luminosity
luminosity luminosity luminosity luminosity
luminosity luminosity luminosity luminosity
luminosity luminosity luminosity luminosity